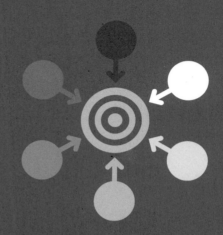

메타데이터
Metadata

제프리 포머란츠 Jeffrey Pomerantz 지음
전주범 옮김

METADATA(Essential Knowledge series) by Jeffrey Pomerantz
Copyright © 2015 by Jeffrey Pomerantz

이 도서의 국립중앙도서관 출판예정도서목록(CIP)은 서지정보유통지원시스템 홈페이지
(http://seoji.nl.go.kr)와 국가자료공동목록시스템(http://www.nl.go.kr/kolisnet)에서 이
용하실 수 있습니다. CIP제어번호 : CIP2019034061(양장) CIP2019034060(무선)

옮긴이의 말

　영어 단어에 Proliferation(급증), Diffusion(확산), Explosion(폭발)……. 이런 단어들은 어떤 현상이 걷잡을 수 없이 번져 가는 모양을 표현하는 단어이다. 요즘의 자료 홍수를 과연 이런 단어들로 표현할 수 있을까? 아니 쓰나미Tsunami는 감당할 수 없는 흐름이 한 방향으로 몰려가는 것을 뜻한다. 지금 세상의 만물, 만사는 서로 서로 얽혀서 끊임없이 시시때때로 현재 이 시간에도 뭔가를 만들어간다. 위의 어떤 단어로도 감당이 안 될 정도로…….

　거기에 인공지능Artificial Intelligence까지 가세하면서 과연 이렇게 진행되는 세상이 인간의 힘으로 통제가 가능할까 하는 의구심이 드는 현실이다. 이런 혼돈스러운 세상에서 질서를, 규칙을 만들려고 하는 노력이 메타데이터가 아닐까? 물론 현재의 주 용도는 검색이지만 앞으로는 이를 이용하여 자료의 통제, 규제도 가능할 것이고 인류 운명을 좌우할 중요 결정을 다룰 주요 메커니즘 그리고 기반 장치Infrastructure 중의 하나가 될 것이다.

　클라우드 시대의 총아는 데이터 센터인데 그 데이터를 이용하는 것이 주로 인공지능이다. 이들 모든 움직임의 뒷면에는 메타데이터가 심어져 있다. 모든 것이 가능하도록 된 컴퓨터의 엄청난 연산 능력, 학습 능력, 기억 능력 게다가 물리학의 빛, 소리 관련 지식, 물리학의 나노, 생물학의 바이오 등과 합쳐지는 과정에서 메타데이터에 심어져 있는 RDF(Resource Description Framework자원 기술 프레임워크) 3종이 핵심 역할을 할 것이 틀림없다. 그 구조, 점-선-점, 주제-서술-대상의 단순성이 2진법의 디지털 세상에서 길잡이 역할을 한다.

인간이 만든 불완전한 방식이고 실제 적용 현장에서 오류도 많겠으나 모든 자원이, 자료가 정해진 규칙대로(엉터리도 많겠으나) 정리되다 보면 결국 질서는 2진법으로 만들어지게 마련이다.

문헌 서지학에 대한 지루한 용어, 개념 싸움 속에서 어려운 번역 작업에 수고해 준 조수임 팀장 및 한울 편집부 분들께 감사를 드린다.

2019년 7월
전주범

차례

서문

 이 책은 2013년 가을 학기 그리고 2014년 봄 학기에 "메타데이터: 정보의 조직과 검색"이라는 제목으로 코세라Coursera 플랫폼을 이용해 노스캐롤라이나 대학교 채플힐에서 했던 대형 개방형 온라인 강의MOOC로부터 비롯되었다. 온라인 강의와 학습은 전혀 새로운 것이 아니었지만 학교 안팎에서 대형 개방형 과정Massive Open Online Course에 초점을 맞추고 있었다. 2011년 대형 개방형 온라인 과정이 보도되었을 때 나는 이미 수년간 온라인에서 강의를 하고 있었지만 대형 개방형 온라인 강의의 규모에 관심이 갔다. 그리고 정보과학에 대한 강의와 학습을 온전히 온라인으로 한다면 어떤 모양일까 생각해 보게 되었다. 그때부터 지금까지 나는 정보과학 강의의 첫 과목은 메타데이터 과목이어야 한다고 믿고 있다. 이 분야의 거의 모든 것은 메타데이터에 연결되어 있고 이 주제는 정보과학 분야의 모든 이슈들에게 실마리를 제공한다. 그래서 노스캐롤라이나 대학교에서 이 대형 개방형 온라인 강의를 시작하기로 했을 때 내 생각을 시험해 볼 수 있는 메타데이터에 대한 강의 기회가 생긴 것이 대단히 기뻤다.

우선은 메타데이터 온라인 강의가 잘 받아들여진 것이 대단히 기뻤다. 또한 이 기회를 통해 메타데이터가 MIT 편집자의 관심을 불러 일으켜 필수 지식 시리즈에 포함될 가치가 있는 주제로 뽑히게 된 것이 좋았다. 그래서 내 첫 번째 감사 인사는 이 책에 대한 제안을 해준 마지 에버리Margy Avery에게 해야 한다.

또한 개방형 온라인 강의 프로그램을 시작하고 그 강의 제작 과정에서 강사들을 지원해 준 노스캐롤라이나 대학교 채플힐 당국에게도 감사를 드린다. 또한 온라인 강의에서 조교였던 메러디스 루이스Meredith Lewis에게도 큰 감사를 전한다.

이 과정에 등록해 준 5만 명의 학생, 특히 양쪽의 세션을 모두 참여해 준 1만 7464명에게 감사를 하고 싶다.

나는 강의 준비를 위해 메타데이터 분야의 재미있고 최첨단 분야의 일을 하고 있는 사람들과 인터뷰를 준비했다. (내가 생각하기로는) 이렇게 함으로써 강의 보완 자료가 준비되었고 항상 내게서 엉터리 같은 것만을 배워야 하는 학생들을 구제할 수 있었다. 이 인터뷰를 통해 나는 아주 많은 것을 배웠으며 물론 이 책을 만드는 데도 이바지했다. 그러므로 나와 인터뷰한 분들, 게티 연구소Getty Research Institute의 머사 바카Murtha Baca, 캘리포니아 대학교 버클리Berkeley 정보학부의 부교수인 로버트 글러시코Robert Glushko, 판도라Pandora의 음악 분석가인 스티브 호건Steve Hogan, 레드스톰Red storm 엔터테인먼트의 자료 분석가인 헌터 제인스Hunter Janes, 네크워크 정보Networked Information연합 이사인 클리퍼드 린치Clifford Lynch 그리고 인터넷 아카이브Internet Archive의 제이슨 스콧Jason Scott에게 감사의 말을 전한다.

대형 개방형 강의를 위한 인터뷰가 너무 잘되었으므로 이 책만을 위해서도 좀 더 하기로 결정했다. 이미지 메타데이터에 관한 멋진 대화를 나눈 게티 이미지Getty Images의 메리 포스터Mary Forster, 조엘 스타인프라이스Joel Steinpreis 그리고 조엘 서머린Joel Summerlin에게 감사를 전한다.

송신 추적 장치에 관심을 갖게 했으며 '메타데이터' 단어의 역사에 대한 조사를 할 당시 나를 잘 이끌어준 클리퍼드 린치Clifford Lynch에게 다시 감사를 전한다.

음악 메타데이터를 이해하도록 도와준 스튜디오 713의 테드 존슨Ted Johnson, 색인 카드 이미지를 알려준 제사민 웨스트Jessamyn West에게 감사를 전한다.

내가 책 쓰는 것을 멋있다고 생각해 주는 내 딸 샬럿Charlotte, 엘리너Eleanor에게 이 책을 바친다.

1

들어가기

메타데이터는 항상 우리 주변 여기저기에 있어 왔다. 요즈음 같은 유비쿼터스 시대에는 거의 모든 기기들이 메타데이터에 의존하고 있거나 만들어내고 있고 또는 이 두 가지를 모두 하고 있다. 그러나 메타데이터가 잘 작동되고 있을 때는 뒤로 숨겨져 있어서 눈에 띄지 않거나 보이지 않는다. 이것은 2013년 여름에 메타데이터가 어떻게 관심사가 되었는지와 관련이 있다.

미국 국가안보국의 계약직인 에드워드 스노든Edward Snowden이 2013년 5월 ≪가디언≫의 기자를 만나러 홍콩으로 날아갔다. 거기서 스노든은 미국 내에서의 국가안보국 조사 활동들을 담은 많은 비밀 서류들을 넘겨주었다. 그중의 하나인 프리즘PRISM은 통신사에서 직접, 통화에 대한 자료를 수집한 것이었다. 말할 필요도 없지만 ≪가디언≫이 이 이야기를 발표했을 때 대단히 커다란 뉴스가 되었다.

스노든의 폭로에 대한 미국 매체들의 반응은 다양했고 그후의 전개 역시 대단했다. 당장의 반응은 미국 국가안보국이 미국 국민들의 자료를 모으고 있다는 것에 대한 분노였다. 그러나 미국 국가안보국이 통화 자체가 아닌, 통화에 대한 메타데이터를 수집하고 있다는, 다른 말로 하면 미국 국가안보국이 도청을 하지는 않았다는 것이 밝혀지자 금방 가라앉았다. 그 후에는 매체들이 메타데이터로부터 얼마나 많은 개인 정보가 추론될 수 있는가를 파헤치게 되면서 전문적인 견해가 대두했다.

2013년 스탠포드 법학대학원 내 인터넷과 사회 연구소에서 실시했던 메타폰 연구는 미 국가안보국National Security Agency이 했던 전화 메타데이터 수집을 복제해 보았다. 그들이 알아낸 것은 단순한 메타데이터로부터 믿을 수없이 많은 정보가 추론될 수 있다는 것이었다. 이 메타폰 연구 보고서의 한 가지 예는 연구 참가자들이 실내 장식업자, 열쇠공, 배관공에게 전화를 했던 것에 대한 조사였다. 이 참가자들은 아마도 완전히 순수한 이유로 모든 통화를 했고 이 통화들은 서로 관련이 전혀 없었지만 그것이 우리가 만들어낼 추론은 아니었다.

많은 메타데이터가 통화, 특히 핸드폰 통화와 관련이 있다. 아마도 통화와 관련된 가장 분명한 메타데이터 내용은 송신, 수신자의 전화번호일 것이다. 그리고 당연히 통화한 시점과 시간이 있다. 게다가 대부분 위성통신 기능을 갖고 있는 스마트폰으로 한 통화에는 최소한 핸드폰이 위치한 핸드폰 통신망 정도 정확성 수준의 송수신자 위치가 남아 있다. 핸드폰과 관련된 것은 이보다 더 많지만 이 작은 정보도 개인 정보 보호를 침해하기에 충분하다. 왜냐하면 통화 중이 아닐 때도 핸드폰은 기지국과 자료를 교환하고 있다. 그리고 너무도 당연히 핸드폰은 당신이 들고 다닌다. 어느 시점이든 당신의 위치 기록,

그리고 어느 기간 동안의 움직임은 스노든의 폭로처럼 통신사에 의해 실제로 수집되고 있다.

그러면서 '메타데이터'라는 단어가 일상 대화에 들어오게 되었다. 메타데이터가 많이 알려졌다 해도 일상 대화에서는 아마도 아직 멀었고 좀 더 잘 알려져야 한다. 유비쿼터스 컴퓨팅 시대인 현대에는 메타데이터가 전기 배선도 또는 고속도로망처럼 기반 시설이 되었다. 이런 현대의 기반 시설들은 필수불가결한 것이지만 예를 들어 당신이 전기 스위치를 켤 때 거대한 기술 및 정책 조합의 최종 소비자일 뿐인 것처럼 당신은 빙산의 일각에 불과하다. 이런 기술과 정책들 각각은 작고 하찮아 보일는지 모르지만 총체적으로는 아주 큰 문화적·경제적 영향을 미친다. 메타데이터도 마찬가지이다. 전기 배선과 고속도로처럼 메타데이터 역시 지금의 삶이 원만히 돌아가게 하는 한 부분으로 받아들여져서 일상생활의 뒤로 스며들어 있다.

우리는 현대인으로서 전기 배선과 고속도로 그리고 많은 또 다른 현대의 기반 시설에 익숙하고 (혹시 불충분하더라도) 쓸만한 정도로 이해하고 있다. 그러나 당신이 정보과학자 또는 국가안보국에서 일하는 정보 분석가가 아니라면 메타데이터에 대해서는 그렇지 못할 것이다.

이제 이 책의 목적이 드러났다. 이 책은 메타데이터라는 주제를, 그리고 메타데이터가 건드리는 폭넓은 주제와 이슈들을 소개할 것이다. 메타데이터가 어떤 것인지, 왜 존재하는지를 논의할 것이다. 각기 다른 사용자와 사용 사례마다 다른 폭넓은 메타데이터를 보게 될 것이다. 지금의 메타데이터를 가능하게 한 기술들에 대해서도 이야기하고 메타데이터의 미래에 대해서도 예측하려고 한다. 그래서 이 책의 마지막쯤 가게 되면 당신은 어디서든 메타데이터를 보게 될 것이다.

지금은 메타데이터의 시대이고 당신은 그 속에서 살고 있다.

보이지 않는 메타데이터

동네 책방 서가에서 이 책을 집었을 때 당신은 이미 메타데이터를 쓰고 있었다. 무엇이 이 책을 고르도록 이끌었을까? 제목, 출판사, 아니면 표지였을까? 무엇 때문이었든지 물론 책 자체의 내용은 아니었을 것이다. 이 책을 읽고 있으므로 당연히 이 책의 내용에 대한 정보를 알고 있겠지만 이 책을 집기 전에는 그 정보를 갖고 있지 않았다. 다른 신호들, 책에 관한 다른 정보에 의존해야만 하는데, 이 다른 정보들이 메타데이터이고, 즉 이 책에 관한 자료이다.

메타데이터가 잘 작동하고 있으면 뒤로 스며들어 있어서 거의 보이지 않는다. 여러분은 제목과 출판사 그리고 표지로 책을 보는 것에 익숙하므로 아마도 이 책에 대해 이런 것들이 있다는 것을 알아채지 못했을 것이다. 이 책에 제목, 출판사 또는 표지가 없을 때만 알아차릴 것이다. 우리들은 책을 사는 환경에서 책의 메타데이터에 아주 익숙해서 그것에 대해 생각조차 하지 않는다. 이렇게 많은 물건들의 메타데이터가 일상 환경의 일부분처럼 우리에게 너무 익숙해져서 우리는 그것에 대해 생각조차 하지 않는다. 어떤 과정으로 이렇게 되었을까?

메타데이터의 간략한 역사

메타데이터라는 단어는 1968년에야 영어 단어가 되었지만 메타데이터의 개념은 최초의 도서관부터 시작되었다. 이 단어는 아리스토텔레스의 『형이상학Metaphysics』이란 책의 제목을 의도적 활용한 것이다. 아리스토텔레스가 특정 작품들을 이 제목으로 부르지 않았지만 역사적으로 이 제목으로 수집되어서 물리학 이상의 주제들을 쫓거나 다루는 것을 의미하게 되었다. 마찬가지로 '메타데이터'라는 단어는 자료(설명문 또는 자료에 대한 설명문들)를 넘어선 무언가를 가리킨다. 언어학적으로는 그리스어 접두사 '메타meta'의 엉성한 번역이긴 하지만 '메타meta'라는 단어가 일상적으로 사용되는 것처럼 한층 높은 추출 단계의 무엇인가를 가리킨다.

'메타데이터'란 단어는 불과 몇 십 년밖에 안 되었지만 도서 관의 사서들은 수천 년에 걸쳐 메타데이터로 일해왔다. 우리 가 오늘날 '메타데이터'라고 부르는 것은 역사적으로 "장서목 록library catalog 속의 정보"로 불려왔다. 장서목록 속의 정보는 특정 문제, 즉 사용자들이 도서관 장서 중 필요한 자료들을 찾 는 것을 돕기 위한 해결책이다.

역사학자들은 피나케스Pinakes를 최초의 장서목록이라고 보 는데, 이는 기원전 245년경 칼리마코스Callimachus가 알렉산드 리아Alexandria 도서관을 위해 만든 것이다. 피나케스의 극히 일 부만이 수천 년을 견디고 전해졌는데 알려진 것은 다음과 같 다. 작품들이 장르, 제목, 저자명에 따라 열거되어 있고, 저자 에 대한 간략한 소개, 내용 요약, 작품 전체의 줄 수가 덧붙여 져 있었다. 2000년을 빨리 돌린 후 아직도 우리는 장서목록 안에 수많은, 같은 종류의 정보(저자, 주제, 책 안내문, 쪽수)를 사용하고 있다.

그러나 엄밀히 말하면, 지금의 장서목록은 칼리마코스가 했 던 것보다는 더 많은 정보를 사용하고 있다. 작품의 청구기호 call number는 현재 어디에서나 쓰고 있다. 즉 정해진 기법(예를 들면 듀이 십진법)에 따라 도서관 사용자들이 서가에서 책을 찾 을 수 있도록 하는 숫자 또는 문자와 섞인 숫자이다. 장서 규모가 매우 큰 곳은 장서가 놓인 넓은 물리적 공간 안에서 사용자가 개별 장서들을 찾아 돌아다녀야 하므로 청구기호는 특별히 중요하다. 알렉산드리아의 도서관이 현재의 기준으로도 상당히 많은 수인 50만 권의 책을 소장하고 있었다고 하므로 칼리코마스가 청구기호를 만들지 않고 어떻게 피나케스를 만들 수 있었는지는 상상하기 쉽지 않다.

피나케스는 두루마리 묶음이다. 만일 유대교 회당에서 모세 5경Torah을 읽어본 적이 있다면 두루마리가 사용에 편리한 수단이 아니라는 것을 알 수 있는데 한 부분에서 다른 부분으로 이동하기가 어렵다. 실제로 유대 달력에는 모세 5경 읽기를 끝낸 것, 그리고 두루마리 전체를 다시 원점으로 되돌리는 것을 축하하는 온전한 휴일Simchat Torah이 있다. 모세 5경을 읽어본 경험이 없다면, 또는 오디오 카세트테이프, 비디오테이프 등 두루마리와 같은 기술을 사용한다고 상상해 보자. "되감아서 반납해 주세요"라고 쓰인 스티커는 대여 비디오테이프에 흔히 붙어 있었다. 한마디로 피나케스는 사용성 관점에서는 편하지 않았다.

현대인들이 그냥 책이라고 부르는 코덱스codex(여러 장의 종이를 묶어서 만든 책 형식_옮긴이주)는 두루마리에 비해 여러모로 우월한 것이다. 그래서 필연적으로 이런 코덱스가 발명되자마자 도서관의 목록으로 채택되었다. 책 형식으로 된 장서

〈그림 1〉

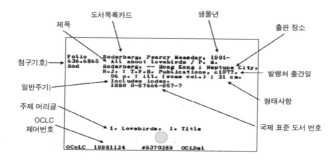

도서목록카드 · 생물년 · 제목 · 출판 장소 · 첨구기호) · 발행처 출간일 · 일반주기) · 형태사항 · 주제 머리글 · OCLC 제어번호 · 국제 표준 도서 번호

```
Folio      Soderberg, Pearcy Measday, 1901-
636.6865   * All about lovebirds / P. M.
Sod        Soderberg. -- Hong Kong ; Neptune City,
           N.J. : T.F.H. Publications, c1977.
           96 p. : ill. (some col.) ; 21 cm.
           Includes index.
           ISBN 0-87666-957-7


           * 1. Lovebirds. I. Title

OCoLC  19981124   #5370389  OCLDml
```

목록은 '서가목록shelf list'이라고 부르는데, 들리는 그대로이다. 도서관에서 입수한 순서대로 적힌, 서가에 있는 책의 목록. 이 순서는 새로 입고된 책을 단순히 끝에 적으면 되므로 새 책을 추가하기가 쉬웠으나 사람들이 목록에서 개별 책을 찾을 때는 그다지 편리하지 않았다.

장서목록은 프랑스혁명 즈음, 프랑스에서 카드 목록card catalog이 발명되면서 커다란 도약을 했다. 이 혁신은 서가 목록을 세분화해서 품목의 등재 위치를 찾기 쉽게 할 뿐 아니라 품목의 추가, 제거도 간단하게 하였다. 두루마리나 코덱스 두 방식 모두, 입력이 끝난 후에는 쉽게 편집할 수 없었지만 카드 목록 방식으로 새로 등재할 때는 새 카드를 올바른 위치에 집어넣는 것이 할 일의 전부이다.

카드 목록은 각각의 기록, 즉 도서 등재를 독립적으로 조작

할 수 있는 개별 대상물화함으로써 장서목록을 세분화했다. 각 등재 안에 있는 자료들, 즉 책의 제목, 저자의 이름 등등은 오래 전의 피나케스 때의 것까지 세분화되었다. 목록 안에 있는 각각의 자료 조각들은 제목, 저자 등의 이름표가 붙어 있지 않지만 각 자료 조각이 나타내는 범주categories가 무엇인지 이해할 수 있다. 그러므로 목록 카드는 두 개의 차원으로 세분화되는데 각각의 품목에 대한 기록과 모든 품목에 공통된 자료의 구분이다.

그리고 이러한 2차원의 세분화로 우리는 데이터베이스 그리고 메타데이터에 대한 현대적 접근 방식에 도달했다. 데이터세트dataset를 레코드record들로 쪼개면 각각의 레코드는 개별 품목을 나타내고, 레코드들은 자료의 범주를 담고 있어서, 각 범주가 품목 간에 공통되므로 결국은 스프레드시트가 발명된 것이다.

스프레드시트를 상상해 보자. 각각의 행line은 하나의 대상물에 대한 기록이고 각각의 열column은 대상물의 각 특성이다. 책에 대한 자료를 담고 있는 스프레드시트를 생각해 보자. 각 열의 제목줄에는 무엇이 있을까? 제목, 저자, 출판사, 출간 일자, 출간 장소, 주제, 청구기호, 쪽수, 판형, 크기 등등. 각각의 행은 어느 특정 책에 대해 이런 자료들을 담고 있는 한 권의 책에 대한 기록이 될 것이다. 이런 스프레드시트는 장서목록

〈표 1〉

제목	저자	출간년도	주제	청구기호	쪽수
『지적 재산권 전략』	Palfrey, John	2012	지적 재산권 -관리	HD53. P35 2012	172
『공개된 접근』	Suber, Peter	2012	접근 공개된 출판	Z286. O63 S83 2012	242
『디지털 문화의 비유전적 요소들』	Shifman, Limor	2014	사회적 진화. 비유전적 문화 확산. 인터넷-사회적 차원. 밈학.	HM626 .S55 2014	200

으로 쓰일 수 있다.

'이것은 파이프가 아니다'.

대상물 자체를 갖고 있는데 왜 대상물에 대한 자료를 저장
해야 하는 걸까?

과학자이자 철학자인 알프레드 코르집스키Alfred Korzybski에
대해 아마도 가장 잘 알려진 인용구는 "지도는 영토가 아니
다"(마셜 매클루언Marshall McLuhan으로 잘못 알려진 인용구)일 것이
다. 이 인용구는 거의 수백 년 동안 과학과 예술(마셜 매클루언
포함) 분야에서 설명되고 거론되어 왔다. 코르집스키는 언어
에 대한 논문에서 이 글을 처음 썼는데 여기서 논의할 것이 이

언어에 대해서이다.

코르집스키에 의하면 언어는 지도이다. 언어는 믿을 수 없이 복잡한 세상을 훨씬 간단한 형태로 허물어내는 수단이다. 사물에 대한 단어는 사물 자체가 아니다. 제프리Jeffrey라는 이름은 어떤 이유로도 나 자신이 될 수 없지만 어떤 조건하에서는 나를 나타낸다. 그 이해가 단지 사물들에 대한 단순화된 표현일지라도 언어는 세상에 있는 사물들을 인간이 이해할 수 있도록 해준다.

여러 종류의 지도가 있다. 도로 지도, 지형도, 항해도, 별자리 지도 …… 열거하면 끝도 없다. 각각의 지도들은 서로 다른 기능을 하고 상호 호환되지도 않는다. 항해도는 자동차 여행을 계획할 때는 거의 쓸모가 없다. 그러면 일반적으로 지도라고 부르는 각각 다른 것들이 공통적으로 갖고 있는 것은 무엇일까? 바로 물리적 세상의 다양성, 복잡성을 요약해서 특정 상황에서 필요한 설명details으로 만든 것이다. 운전을 할 때는 어느 길이 어디로 가고 어디에서 교차하며 어느 길이 일방통행이며 어떻게 고속도로에 들어가는지 알아야 하지만 지형 정보나 수심에 대해 알 필요는 없다. 지도는 영토와는 다른 것이고 훨씬 간단한 것이므로 영토 자체가 아니다.

마찬가지로 메타데이터 역시 지도이다. 메타데이터는 사물의 복잡성을 간단한 형식으로 표현한 수단이다. 소설『모비딕

Moby Dick』은 저자가 허먼 멜빌Herman Melville이고 고래잡이에 관한 것이고, 초판 발행일은 1851년이다. 이것은 길고 복잡한 책에 대한 아주 짧은 설명일 뿐이다. 그러나 이 정도면 책을 찾고 싶을 때 찾기에 아마도 충분할 것이다.

방에 가득 찬 책들이 도서관은 아니다. 사람들은 도서관에서 어느 특정 책을 찾기 위해서 그저 책이 눈에 띄기를 바라면서 걷기만 하지는 않는다. 아주 작은 도서관조차도 현실적으로는 너무나 커다란 정보 공간이다. 도서관은 목록표라는 지도로 비유되는 것을 활용한다. 그래서 도서관은 목록이라는 은유적인 지도를 활용한다. 목록은 도서관 사용자에게 도서관 장서에 대한 간략한 표현을 제공한다. 목록에서 사용자는 원하는 특정 품목에 대한 기록을 찾는다. 그러면 목록 기록은 사용자에게 결정적인 메타데이터 정보인 청구기호를 제공한다. 청구기호는 도서관 정보 공간의 위치에 대응하며 기록에서 설명하는 실제 대상물로 이동할 수 있게 한다.

대상물 자체를 가지고 있는데, 왜 대상물에 대한 자료를 보관하는가? 장소 안에 들어 있는 대상물에 대한 자료가 없다면 대단히 복잡한 공간은 혼돈 그 자체일 뿐이다. 한 장소 안에 하나의 대상물만 있을 경우에도 그것을 제때에 다시 찾으려면 메타데이터가 있어야 한다. 자기 집의 열쇠를 잃어버린 경험이 있다면 메타데이터의 한 조각이라도 얼마나 유용한지 이해할 것이다.

도서관만을 위한 것이 아닌 메타데이터

도서관 사서들은 2000년 이상 사물을 서술하는 일을 해오면서 결국 두어 가지를 알아냈다. 도서관학의 원칙들은 사물을 어떻게 효과적으로 서술할 수 있는지에 대한 많은 통찰력을 바깥 세상에 제공했다.

서술description 원칙을 공부한 사서들 덕분에 이 원칙들을 서술이 필요한 곳 어디라도 적용할 수 있게 되었다. 더욱이 데이터베이스가 발명되어서 구조화된 자료 보관이 가능해지면서 메타데이터를 정기적으로 만들고 보관하는 것이 가능해졌다.

도서관 사서들은 컴퓨터와 데이터베이스의 얼리 어답터early adopter이긴 하지만 유일한 사용자는 전혀 아니다. 소형 컴퓨터의 개발 전에는 도서관 메타데이터가 서가목록 그리고 카드목록과 같은 전문화된 맞춤 보관소에 보관되었다. 소형 컴퓨터 개발 후에는 도서관의 메타데이터 역시, 모든 이들이 사용하고 있는 동일한 기술을 활용하여 보관되었다.

데이터베이스의 등장으로 도서관 소장 자료에 대한 서술식 메타데이터뿐만 아니라 모든 것에 대해서 구조화된 자료를 만들고 보관할 수 있게 되었다. 특히 기업과 정부에서는 단순한 서술 목적 외에도 조직화된 자료를 항상 수집·보관해 왔는데 예를 들면 손익계산서, 재고, 세금, 통계 등이 종이나 심지어 그보다 더 오래된 기술로 수천 년 동안 존재해 왔다. 그러나 이것들은 메타데이터가 아니고 단순히 사업체와 정부 그리고 여타 조직의 활동 중에 생성되고 활동을 운영할 수 있게 해주는 문서일 뿐이다. 이런 활동들이 컴퓨터를 활용하여 실행되기 시작하면서 관련 서류에서 대상물을 찾는 것(물론 종이 서류 또는 설형문자판으로도 할 수 있다)뿐 아니라 파일에서 그 대상물에 실제로 연결해 줄 수도 있게 되었다. 이런 기능성은 현대 생활에 깊이 뿌리 박혀 있어서 서류가 관리되는 방식에 얼마나 급격한 변화를 일으켰는지 모른다.

이것이 대체 무엇을 위한 것인가?

여러분은 일상 환경의 일부분으로서 메타데이터에 아주 익숙해져 있기 때문에 그것에 대해 생각조차 하지 않는다. 지도, 신호, 계기판, 웹 검색, 현금자동입출금기ATMs, 식료품점, 전화 등 열거하자면 끝도 없다. 메타데이터는 이 모든 것들이 운영되는 방식과 또 여러분이 그것들과 상호작용하는 데 중심적인 역할을 하고 있다. 하지만 우리 대부분에게 은행 시스템 또는 전화망의 총체적 복잡성에 직접 접속하도록 하는 것은 바람직하지 않다. 현대 생활 속의 복잡한 시스템과 상호작용하기 위해서는 시스템과 우리들 사이에 단순화된 접속 기기가 필요하고 그 접속 기기는 일반적으로 메타데이터에 의존한다.

이 점은 정보시스템과 관련해서는 아주 분명하다. 웹의 출현 전에, 예를 들어, 허먼 멜빌의 생애에 대해 관심이 있다면 ―예를 들어 고래잡이배를 탔다고 들었는데 사실일까? ― 그 사람의 전기를 사거나 도서관에서 구해야만 했다. 거의 모든 정보물에 대해서도 마찬가지다. 그러나 오늘날 정보물들은 웹 검색으로 처리된다. 웹 검색은 원하는 수준 이상의 정보를 가져다준다. "허먼 멜빌 전기"에 대해 검색하면 일생동안 처리할 수 있는 것보다 많은 수십만 개의 결과물을 가져다준다.

이런 일에 대한 정보과학 전문용어는 '자원 검색resource discovery'이다. 자원 검색은 짐작하듯이 내가 필요로 하는 정보와 관련 있는 정보 자원을 찾아내는 과정으로 이 경우에서는 허먼 멜빌의 생애에 대한 정보이다.

연관성relevance이라는 것은 애매한 것이어서 대단히 주관적이다. 당신에게 연관이 있는 것, 즉 당신의 필요를 충족하는 정보는 설령 던지는 질문이 서로 비슷하더라도 내게 연관 있는 것과는 같지 않을 수 있다. 예를 들어 나는 멜빌이 고래잡이배를 탔었는지에 관심이 있고, 당신은 그의 상속인이 살아 있는지에 관심을 갖고 있는데, 우리 둘 다 '허먼 멜빌 전기'를 웹에서 검색했다고 하자. 어느 특정 정보가 관련이 있는지는 주관적인 판단이므로 그 정보 자원을 처리한 후에 각자가 판단하게 된다.

일반적으로 메타데이터는 연관성과 같은 자원의 주관적 해석을 담아내는 데는 사용되지 않고, 서술description과 같은 자원의 객관적 모습만을 담는다. 자원 검색은 이와 같이 좋은 메타데이터에 의존하고 있다. 허먼 멜빌의 전기를 찾으러 도서관에 간다고 가정할 때 검색의 성공(그런 책이 동네 도서관에 있다고 가정하고) 여부는 주제 칸에 '허먼 멜빌'이라는 글자를 가진 몇 개의 기록과 이 책이 전기라는 알림 내용에 달려 있는 것이다. 지도라는 비유법을 쓴다면 목록 안에 적힌 정보 대상물에 대한 단순화된 표현이 연관성 있다고 생각되는 자원을 찾는 데 도움이 되는 자료를 갖고 있어야 한다.

이런 유형의 메타데이터를 서술식 메타데이터라고 한다. 이것은 소리 나는 그대로인데 대상물에 대한 서술을 제공하는 메타데이터이다. 이제까지 이 책에서는 서술식 메타데이터만 논의되었으나 이것이 유일한 유형은 아니다. 메타데이터에는 몇 개의 구분이 있다. 관리 메타데이터는 대상물의 기원 그리고 유지 관리에 대한 정보를 제공한다. 예를 들면 사진은 특정

해상도로 특정 형식의 스캐너를 이용하여 숫자화되어 있고 그와 관련한 저작권 제한을 가지고 있다. 구조 메타데이터는 대상물이 어떻게 만들어졌는지에 대한 정보를 제공한다. 예를 들어 어느 책이 장으로 구성되어 있고 장은 다시 페이지로, 이 장과 페이지들은 특정한 순서대로 모아져야 한다. 보존 메타데이터Preservation metadata는 대상물을 보관하는 절차를 지원하는 데 필요한 정보를 제공한다. 예를 들면 어떤 디지털 파일과 상호작용하기 위해서는 특정 응용 프로그램과 운영 체계 환경을 모방emulate할 필요가 있을 수 있다. 구조 그리고 보존 메타데이터 양쪽 모두 관리 메타데이터의 하부 구분으로 간주되기도 하는데 이는 대상물의 구조에 대한 자료와 그것을 보관하는 것 모두 대상물을 관리하는 데 필요한 것이기 때문이다. 마지막으로 사용 메타데이터Use metadata는 대상물이 어떻게 사용되었는지에 대한 정보를 제공한다. 예를 들어 전자책 출판사는 그 책에 대한 다운로드가 얼마나 많이 되었는가, 어느 날에 되었는가, 그리고 다운로드한 사용자들에 대한 프로필 자료 같은 것들을 추적할 수도 있다.

메타데이터에 대한 이런 내용들은 이 책이 전개되면서 깊이 있게 다뤄질 것이다. 우선 이 책 전체를 통해 사용할 용어들을 정의한다.

2

정의

다른 학문들처럼 정보과학도 전문용어를 갖고 있다. 비록 최근 몇 년 사이에 좀 더 일상적으로 사용되고 있는 '메타데이터'가 그중 하나이다. 이 책도 그렇지만 메타데이터를 공부하다 보면 색다른 전문용어들을 필연적으로 만나게 된다. 이 장에서는 이들 용어들을 알아보고 잘 정의해 보려고 한다.

메타데이터에 대한 가장 일반적이지만 아마도 가장 쓸모없는 정의는 "자료에 대한 자료"라는 말이다. 이 정의가 기억하기는 쉽지만 너무 애매하다. 무엇보다도 우선 자료라는 것이 도대체 무엇인가? 둘째, "ㅡ에 대한"은 무슨 뜻인가?

자료 속에서 잃어버린 정보

우리는 자료가 무엇인지 이해하는 것으로 시작하려고 한다. 이것은 불행하게도 수영장의 깊은 쪽으로 뛰어드는 것과 비슷하다. 자료는 너무 모호한 개념이어서 평생을 이 분야에 바친 정보과학자조차도 모두 동의하지는 않는 개념이다.

엘리엇T. S. Eliot의 「바위The Rock」라는 시는 다음 두 줄 때문에 정보과학자들 사이에 인기가 있다.

지식 속에서 잃어버린 지혜는 어디 있는가?

정보 속에서 잃어버린 지식은 어디 있는가?

  엘리엇이 지혜, 지식, 그리고 정보, 즉 호감이 줄어드는 순
으로 위계hierarchy를 만든 것 같다. 정보과학자들은 정보에 대
해 그리 부정적으로 느끼지는 않는 반면 우리 일반인들은 정
보 뒤에 자료를 넣어서 같은 위계를 사용한다. 즉 자료, 정보,
지식, 지혜라는 식의 위계는 인간의 인식 영역 속에서 정보성
수준 또는 정보의 단계stages를 설명하는 데 활용된다. 이 견해
에 따르면 자료는 익히지 않은 재료로서 계측 장비 또는 기계
류로 수집된 것이다. 일례로 화성 우주선 마스 로버Mars Rover가
지구에 보낸 비트bits 흐름은 자료이다. 전화기와 지역 통신망
사이의 무선 주파수에 실린 신호도 자료이다. 그리고 정보는
인간이 사용하도록 가공된 자료이다. 예를 들면 이미지로 변
환된 비트 흐름 또는 소리로 변조된 신호 같은 것이다. 그러나
이것은 애매모호한 주장일 뿐인데 정보라는 것은 알려줄 가능
성만 있어도 정보인가, 아니면 실제로 알려줄 수 있어야만 정
보라고 할 수 있는가에 대해 철학적 논쟁이 있다. (숲에서 나무
하나가 쓰러졌는데 아무도 주변에 없다면 과연 정보가 만들어질까?)
그러나 여기서는 그 문제를 무시하고 넘어가고 뒤에 나오는
더 읽을거리에 실린 이 문제를 다루는 몇몇 논문을 참고하라.
지식은 우리가 알고 있는 내재화된 정보를 가리킨다. 지혜는

그 지식을 가지고 무엇을 할 수 있는지 아는 것이다.

자료는 재료일 뿐이다. 날것이며 가공되지 않았고 아마도 사람 손이 닿지 않았고 인간에게 보인 적이 없고 사람이 생각해 본 적이 없는 것이다. 우리는 이런 식으로 정보 대상물을 생각하는 데 익숙하지 않은 반면 책 같은 물건, 컴퓨터 안의 파일, 인간이 의도적으로 만들어놓은 사물들, 그리고 인간의 이해력이 그것의 창조에 필수 불가결한 것들에만 익숙하다. 하지만 화성 탐사선이 지구로 보낸 비트 흐름 또는 예를 들어 루슈시드어Lushootseed(또는 말하고 읽을 수 없는 다른 언어. 루슈시드어를 아는 분에게는 사과드린다)로 쓰인 책을 생각해 보자. 비트의 흐름이나 루슈시드어로 쓰인 책에 담긴 뜻이 있다는 것을 알더라도 가공을 거치지 않으면 그 의미를 알 수 없는 것이다. 자료는 잠재적 정보로서 위치 에너지와 유사한 개념이며 얻어내려면 노력이 필요하다.

이 책 전체에서 책을 예로 들고 있는데 이해하기 쉽다는 단순한 이유 때문이다. 이 책을 읽고 있다면 책과 관련된 일반적인 기술에는 익숙할 가능성이 많다. 엄격히 얘기하면 책을 예로 드는 경우의 문제점은 책은 자료가 아니라는 것이다. 즉 책은 자료를 담은 그릇이고 자료 자체는 아니다. 책이란 근본적으로는 가공된 나무의 덩어리와 같은 것이다. 자료는 그 안의 단어들이다. 단어들이 포도주라면 책은 병이라고 할 수 있다

(한 걸음 더 나아가면 단어 역시 병에 불과하고 포도주는 담겨 있는 생각들이라고 주장할 수 있다). 이 그릇이라는 비유는 우리 목적에 잘 맞는데, 이 책 전체를 통해 논의할 것의 거의 대부분은 포도주가 아니고 병이다. 메타데이터는 자료지만 그릇 밖에서는 존재할 수 없다. 메타데이터 기록은 물리적이든 디지털이든 일정한 형식을 갖추어야 한다. 마찬가지로 메타데이터 기록은 그 자체도 대상물에 대한 자료를 담은 그릇이다. 그리고 그 대상물도 그 대상물이 책 또는 다른 정보 대상물인 경우에는 그 자체가 자료를 담는 그릇이다. 그래서 또다시 자료와 정보를 구분하는 어려움에 직면하지만 여기서는 이 문제를 무시하기로 한다. 메타데이터 기록이 그릇이라는 것을 아는 것만으로도 우리 목적에는 충분하다.

서술을 서술하기

지향성이라는 개념으로 옮겨가 보자. "ㅡ에 대하여"는 너무 흔한 개념이어서 이것의 의미를 정의하느라 시간을 소비하는 것은 마치 "ㅡ이다"의 의미가 무엇인지 토론하는 것처럼 쓸데없는 일이다. 그럼에도 "ㅡ에 대하여"에 관한 많은 논란이 있다. "ㅡ에 대하여"라는 말은 서술을 가리킨다. 그러나 질문을 필연적으로 다시 원점으로 되돌아가게 한다. "―에 대하여"의 의미를 묻는 대신 '서술'이 무엇인지 질문하게 된다. 안타깝지만 '서술'을 정의하다 보면 순환론이 되기 마련이다. 즉 사전조차도 '서술'은 "무엇인가를 서술하는 것"이라고 정의하고 있다. 다행히도 상식적인 정의가 맞는 것이다. 서술이란 서술되는 것에 대해 무엇인가를 말해준다. 서술은 사물에 대한 설명인데 그 사물에 대해 정보를 제공해 준다. 서술은 우주 공간에 존재하는 다른 모든 것들과 서술되는 사물을 구분해 주어서 서술된 사물을 후에 인식할 수 있도록 도와준다. 예를 들면 이 책의 제목은 메타데이터이다. 이 책의 저자 이름은 '포머란츠 Pomerantz'이다. 이 책은 19개의 그림이 들어 있다, 등등.

이름, 제목, 쪽수와 같은 자료들은 상대적으로 논란이 적다. 분명히 제목은 임의로 정하는 것이다. 그러나 한번 이름이 정해지면 일반적으로는 바뀌지 않는다. 논란이 좀 더 많은 것은 주제이다. 책(또는 다른 창조적 작품)의 주제는 흔히 해석에 달려 있는 것이다. 예를 들어 이 책은 무엇에 대한 것인가? 우리 모두는 이 책이 메타데이터에 관한 것이라고 동의한다고 생각한다. 그러므로 이 책의 주제를 묘사하는 데 사용되는 하나의 단어는 '메타데이터'이다. 그런데 이 책은 그 외에 또 어떤 것에 대한 것인가? 시맨틱 웹Semantic web에 대한 것인가? 한 챕터가 그 주제를 다루고 있긴 하다. 그러면 책 전체의 주제를 묘사하는 데 이 단어를 사용할 만한가? 네트워크라는 주제는 이 책의 많은 부분에서 보이는데, 그 내용을 명시적으로 논의하는 공간은 제한적이다. 그렇다면 이 책의 주제를 설명하는 데 이 단어를 사용하는 것이 충분히 정당한 것인가?

이런 식의 질문과 답변을 하는 과정을 주제 분석이라고 한다. 말 그대로 대상물(책과 같은)을 분석하여 주제가 무엇인지, 무엇에 관한 것인지 확인하는 것이다. 모든 것에 주제가 있지는 않은 것이 분명하다. 예를 들어 자연적으로 존재하는 대상물은 주제를 가지고 있다고 할 수 없는 게 사실이다. 레이니어 산은 무엇에 대한 것인가? 이것은 의미 없는 질문이다. 마찬가지로 어떤 예술 작품들은 주제가 없기도 하고 어떤 것은 있다고 할 수 있다. 베토벤 심포니 9번의 4악장(일반적으로〈환희의 송가〉라고 불린다)은 인류 모두의 우정과 형제애에 관한 것인데 첫 3악장은 무엇에 대한 것인가? 여전히 이런 건 의미 없는 질문일 뿐이다. 설령 어떤 대상물이 무엇인가에 대한 것이라고 얘기되더라도 주제 분석은 종종 해석하기에 달려 있다. 소설『모비딕』은 무엇에 대한 것인가? 한편으로 보면 고래와 고래잡이에 대한 것이다. 다른 한편으로는 복수와 집착에 관한 것이다. 이들 중 어느 해석이 주제를 표현하는 단어로 정당한 것인가?

놀랍게도 그에 대한 답은 '때에 따라 다르다'이다. 주제어를 가지고 이루고자 하는 것이 무엇인가에 달려 있다. 이 책의 뒤를 들춰보면 찾아보기 페이지가 있다. 찾아보기란 이 책의 본문에 나오는 단어, 이름, 개념 그리고 찾을 수 있는 페이지가 적혀 있는 목록이다. 이 찾아보기 단어들은 전문적인 찾아보기 작성자에 의해 독자인 여러분이 이 책 속에서 개념을 쉽게 찾을 수 있도록 돕기 위해 선정되었다. 이 책의 앞을 들춰서 제목 페이지 바로 뒤 페이지를 보자. 여러분은 저작권과 출판사에 대한 정보를 보게 되고 페이지의 밑에서는 숫자가 적혀 있는 용어들을 보게 된다.* 도서관 사서들의 전문용어로는 주제표목subject headings,이라고 부르고, 이 책이 무엇에 대한 것인가를 서술하고 있다(이 서술은 반드시 수준이 높아야 하는데 그 이유는 아주 두꺼운 책조차도 몇 개의 주제표목으로만 되어 있기 때문이다). 이들 주제표목은 이 주제의 책들에 관심이 있는 잠재 독자들이 이 특정 책을 찾아내는 것을 돕기 위해 전문적인 색인 전문가가 골라냈다. 찾아보기의 용어와 주제표목은 인간이 골라서 다른 사람이 특정의 작업을 완수할 수 있도록 한다. 그러나 작업의 종류에 따라 유용한 용어들은 각각 다르다.

주제표목으로 선택되는 용어들과 색인에 나오는 용어들의 차이는 다음과 같은 질문을 낳는다. 어디에서 이런 서술 용어

---

* 이 책은 번역서로서 원서와 달리 마지막쪽에 저작권과 출판사에 대한 정보가 실려 있고 주제표목은 실리지 않습니다. _편집자

들이 나오는 것인가? 색인 작성자 그리고 목록 전문가들이 단순히 만들어내는 것인가? 이들은 어느 용어집에서 선택하는 것인가? 아마도 이미 답변을 짐작할 것이다. 한편으로 색인 작성자는 저자가 사용한 용어 그리고 개념에서 용어들을 골라내서 구성한다. 다른 한편 목록 전문가들은 아주 커다란 하지만 한정된 수의 사용 가능한 용어집에서 용어들을 고른다. 가용 용어집의 성격에 대해서는 아래에서 더 논의하기로 한다.

메타데이터의 정의

아마도 지금쯤 "자료에 대한 자료"라는 것이 메타데이터에 대한 쓸모 있는 정의가 아니라는 것을 눈치 챘을 것이다. 자료라는 것은 날것이며 가공되지 않은, 어느 누구에게도 실제로 알려진 적이 없는 잠재적인 정보일 뿐이다. 무엇에 대한 것인가를 판단하는 것도 주관적이어서 그 사물에 대한 이해만 아니라 사용된 용어에도 달려 있다. 그러므로 이런 메타데이터에 대한 정의는 유용하지 않을 뿐 아니라 거의 의미가 없는 것이다.

이 정의는 '자료'라는 용어가 위에서 언급했듯이 '잠재적 정보'라는 것을 알아야 비로소 쓸모 있게 된다. 자료는 추상적인

개념이 아닌 잠재적으로 정보력이 있는 대상물로 여겨져야 한
다. 그러면 메타데이터는 "다른 잠재 정보물을 서술하고 있는
잠재 정보물"로 정의할 수 있다. 이것이 더 낫지만 어쩐지 투
박하다. 또는 서술이란 것이 무엇인가에 대한 설명문이므로
메타데이터를 잠재 정보물에 대한 설명문으로 정의할 수 있
다. 완벽하지는 않지만, 이것이 이 책에서 고수하는 정의이다.

메타데이터는 잠재적 정보물에 대한 설명문이다.

이 책 전체를 통해 알 수 있겠지만 이 정의는 여러 면에서
유용하다. 특히 이 정의는 여러 입장에서의 우리 좌표를 잘 알
려준다. 첫째는 대상의 성격, 둘째 설명문의 성격, 그리고 어
떻게 그 설명문이 쓰여졌는지이다.

자원

설명문을 만드는 것은 (1) 설명을 해야 하는 무엇인가가 있
다는 것 (2) 그것에 대해 할 말이 있다는 것을 의미한다. '잠재
적 정보물'은 우리가 설명문을 만들려는 그 무엇이다. 이 대상

〈그림 2〉

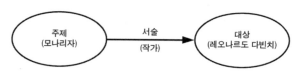

은 좀 더 일반적으로는 자원이라고 일컬어진다. 즉 서술이란 자원에 대하여 이야기하는 것이 된다.

설명문은 3부분으로 되어 있다. 첫째, 서술에 대한 주제, 즉 자원, 예를 들면 모나리자Mona Lisa. 둘째 자원과 다른 것과의 관계에 관한 구분(서술부), 예를 들면 자원의 창작자가 있다는 것. 마지막으로는 자원을 서술하는 역할을 하는 또 다른 대상이 있다. 예를 들면 레오나르도 다빈치Leonardo da Vinci.

헷갈리게도 '주제(주어)' 와 '대상(목적어)'이 메타데이터 틀 안에서 쓰이는 방법은 문법의 틀에서 그것들이 쓰이는 것과 정반대이다. 문법에서 문장의 목적어는 주어에 의해 행동 대상이 되는 실체이다. 예를 들어 "레오나르도 다빈치가 모나리자를 그렸다"라는 문장에서 레오나르도 다빈치는 주어이고 모나리자는 목적어이다. 서술식 메타데이터 설명문에서는 이 용어들이 아주 다르게 쓰인다. 주제는 서술되는 실체이고 대상(목적물)은 주제를 서술하기 위해 쓰이는 또 다른 실체이다. 이것은 자원 서술 틀을 설명하는 6장에서 다시 다룰 텐데 이

것은 요즘 대부분의 메타데이터가 만들어질 때 지키는 자료
모델이다.

스키마, 성분 그리고 값

메타데이터 스키마는 사람들이 어떤 종류의 주제-서술부-
대상(3종) 설명문을 어떻게 만드는가에 관한 규칙이다.

당신이 어떤 서류 양식 예를 들어, 입사 지원서나 진료 의뢰
서를 채우고 있다고 가정하자. 양식에는 채워 넣을 수 있는 빈
칸이 있고 각 칸에는 날짜, 이름, 전화번호 등 특정 정보를 써
넣어야 한다. 어떤 양식의 경우에는 특정 정보를 제공하는 형
식까지 정하고 있는데 예를 들어 날짜는 월/일/년으로 기재하
라는 것이다. 양식은 당신이 제공하려고 하는 그리고 제공하
는 방식에 따라 자료를 받아 적는다.

빈 칸 양식은 메타데이터 스키마는 아니지만 꽤 괜찮은 유
사품이다. 메타데이터 스키마란 양식 안의 빈 칸을 정의하는
것이라고 할 수 있다. 다음 장에서는 모든 자원에 대한 서술이
가능하도록 설계된 메타데이터 스키마인 더블린 코어Dublin
Core에 대해 논의하기로 한다. 모나리자에 대한 간단한 더블린
코어 기록은 다음과 같을 것이다.

제목: 모나리자

작가: 레오나르도 다빈치

날짜: 1503-1506

이 예에서 제목, 작가 그리고 날짜는 빈칸들에 채워진 것이다. 이 '빈칸'은 주제-서술-대상 3종에 대한 서술이다. 예를 들면 레오나르도 다빈치(대상)는 모나리자(주제)를 창작한 작가(서술부)이다. 더블린 코어는 서술부를 작은 숫자로 한정함으로써 사람들이 만들 수 있는 자원에 대한 설명문 종류를 제한했다. 메타데이터 스키마에서 이런 서술부는 일반적으로 성분element이라고 불린다.

메타데이터 스키마에서의 성분은 자원에 관해 만드는 설명문 구분인데 성분은 자원의 속성을 말하는 것이다. 값이란 성분 안에 있는 자료를 가리킨다. "'레오나르도 다빈치'는 이 자원의 작가이다" 또는 "1503-1506은 이 자원의 날짜이다"와 같은 것이다. 합쳐서 한 쌍의 성분-값이 자원에 대한 하나의 설명문 전체(총체)가 된다. 메타데이터가 잠재적 정보물에 관한 설명문이면 성분-값의 쌍은 메타데이터에서 뺄 수 없는 부분이다.

메타데이터를 설명문이라고 정의했으므로 언어에 대한 비유가 생각난다. 단지 특정 언어철학과 관련된 불완전한 비유지만, "언어는 상징에 대한 공식화 체계"가 떠오른다. 이는 우리 목적에는 유용한 비유이다.

이 비유에 따르자면 메타데이터 스키마는 한 언어가 작동하면서 따라야 하는 규칙들이다. 그러므로 메타데이터 스키마는 아주 간단한 언어이고 몇 개의 규칙만 가지고 있을 뿐이다.

인코딩 스키마

언어의 규칙은 아무리 간단하더라도 의미를 전달하기 위해 사용되는 부호symbols에 적용된다. 이것이 기호학인데('부호' 대신 '표지sign'라는 용어가 쓰인다) 표지는 보이는 것을 나타내거나 가리킴으로 의미를 전달한다. 예를 들어 '제프리'라는 글자들은 나를 가리킨다. '제프리'라는 글자들이 내가 아니지만 일정 조건 밑에서는 나를 대표하는 표지가 된다. 나는 나타내어진 것이고(피표지물signified) '제프리'는 표지(기표signifier)이다.

메타데이터 스키마는 만들어지는 설명문들을 통제하고 있다. 메타데이터 인코딩 스키마는 설명문에서 사용하는 표지 만드는 방법을 통제한다. 인코딩 스키마는 어떤 것들이 표시되어야 하는 가와 무관하다. 인코딩 스키마는 표지가 어떻게 만들어져야 하는지를 관장하는 것이다.

메타데이터에는 표지가 만들어지는 두 가지의 방식, 두 가지 유형의 인코딩 스키마가 있는데 문법을 명시하는 것과 어휘를 명시하는 것이다.

표시 형식 1: 문법 인코딩

문법syntax 인코딩 스키마는 어떤 특정 유형의 자료를 표현하거나 입력하는 방법을 관장하는 규칙들이다. 중요한 것은 각각의 메타데이터 성분마다 문법 인코딩 스키마는 정해져 있다는 것이다.

예를 들어, 많은 메타데이터 스키마에서는 날짜를 표시할 때 값은 ISO 8601에 따라 입력해야 한다. ISO 8601은 국제 표준화 기구에서 날짜와 시간을 표시하기 위해 만든 표준이다. 예를 들어 파이 데이(미국식 월/일로 기재하면 3/14)인 2015년 3월 14일을 들어보자. 그날은 날짜와 시간이 파이의 첫 10숫자가 되는데 3/14/15, 9:26:53이고 ISO 8601로 입력하면 다음과 같다.

날짜: 2015-03-14T09:26:53

〈표 2〉

메타데이터 스키마가 통제	인코딩 스키마가 통제
제목:	모나리자
창작자:	레오나르도 다빈치, 1452-1519
날짜:	1503-1506
형식:	포플러(나무)

ISO 8601은 문법 인코딩 스키마인데 특정 유형의 자료를 어떻게 표현할지에 대한 기준(표준)을 제공하는 것이다. 날짜는 자원 중 하나의 속성인데(예를 들면 창작된) 이 인코딩 스키마는 메타데이터의 기록에서 날짜가 어떻게 표시되어야 하는지에 대한 기준을 마련하는 데 쓰인다. 문장 인코딩 스키마는 어떤 특정한 피표지물signified을 나타내기 위해 어떻게 표시를 만들어야 하는지에 관한 규칙들을 관장한다.

표시 형식 2: 통제 어휘

문법 인코딩 스키마와 마찬가지로 통제 어휘는 특정 유형의 자료를 어떻게 표현해야 하는가를 정하는 규칙들이고 각각의 메타데이터 성분마다 정해져 있다. 그러나 그 차이를 보면, 문법 인코딩 스키마는 자원을 서술하는 표현이 어떻게 형식화되어야 하는지를 정하는 데 반해 통제 어휘는 사용될 수 있는 유한한 수의 표현들을 정하고 있다. 언어 비유로 얘기하자면, 메타데이터 스키마schema는 만들어지는 설명문의 종류를 통제한다면 통제 어휘는 이 설명문에서 사용하는 용어와 구절을 통제한다.

예를 들어보면 더블린 코어에서 주제 성분에 대해 추천하는 것은 그 값을 통제 어휘에서 선택해야 한다는 것이다. 가장 널리 쓰이는 통제 어휘는 미국의회도서관 주제표목LCSH: Library of Congress Subject Headings인데, 짐작하듯이 미국 의회도서관이 가지고 있는 것이다. LCSH의 주제표목은 1970년대 이후 미국에서 발간된 모든 책에 사용되었다. 사실 LCSH의 주제표목은 이 책에서도 사용하고 있는데 이 책의 저작권 페이지(네번째 페이지의 헌정 반대편)를 보면 된다.*

이 책에서 사용하고 있는 LCSH 용어의 하나는 '메타데이터'이다. 통제 어휘에서 통제를 한다는 것은, 용어는 '메타데이터'이어야 하고 다른 어느 것도 안 된다는 것이다. LCSH에 맞추려면 이 책을 '메타-데이터' 또는 '자료에 대한 자료' 또는 또다른 비슷한 어휘로 묘사하면 안 된다. 용어는 '메타데이터'이고 이것이 유일하게 쓸 수 있는 용어이다.

---

* 이 책은 번역서로서 원서와 달리 2쪽에 국립중앙도서관 출판예정도서목록(CIP)이 붙어 있습니다. _편집자

통제 어휘는 어떤 의미에서는 소설 『1984년』에 나오는 뉴스픽Newspeak 같은 언어이다. 뉴스픽은 인공 언어로 사용 가능한 단어들이 대단히 제한되어 있고 모든 동의어, 반의어는 없애 버렸고 남아 있는 단어들의 의미는 명확하고 단순하다. '뉴스픽'을 '통제 어휘'로 바꾸면 앞의 문장은 정확한 것이다. 물론, 자원을 묘사하기 위해 LCSH 안에 없는 용어를 사용하는 것이 의회도서관에 도전하는 반사회적 생각은 아니지만 표준을 준수하는 관행을 위반하는 셈이다.

물론 LCSH는 많은 통제 어휘 중 하나일 뿐이다. 그러나 LCSH는 통제 어휘들의 할아버지 격으로 가장 오래되었고 아직도 널리 사용되고 있고, 1898년에 의회도서관에서 만들어져서 인류 지식의 모든 영역을 관장하므로, 아주 폭넓은 것이다.

인류 지식의 모든 영역을 관장하려는 것은 안타깝게도 커다란 존재론적 문제에 봉착하게 된다. 우주는 광활한 곳이어서 그 안에는 알 수 없는 존재가 아마도 무한하게 있다. 통제 어휘는 정의상 유한한 용어 조합일 뿐이다. 통제 어휘가 어떻게 모든 가능한 존재물들을 표현할 수 있겠는가?

공정하게 말하면 LCSH는 어마어마한데 이 책을 쓰고 있는 현재 가장 최근 출간은 제35판으로, 여섯 권으로 되어 있고 6845쪽에 달하며 30만 개의 주제표목을 담고 있다(한편 의회도서관은 앞으로 온라인 출판만 할 예정이므로 제35판이 마지막 출판이 될 것이다). 하지만 30만 개라는 숫자는 오해의 소지가 있다. LCSH는 주제표목을 묶도록 허용하는 규칙을 가지고 있어서 세목subdivision이라고 부르는 것을 만들어낸다. 예를 들어 시애틀에서 큰 화재가 발생했을 당시의 페리 선박에 대한 작품은 지리적 그리고 연대적 세목을 활용하여 다음과 같이 서술할 수 있다. "페리-워싱턴-시애틀-1889"

주제표목을 이런 식으로 다시 섞으면 LCSH는 아마도 유한한 조합으로 무한한 수의 용어들을 만들 수 있다.

이름 전거Name Authority

통제 어휘에 관련된 것이 전거 파일이다. 통제 어휘처럼 전거 파일은 재료를 묘사하는 데 사용되는 정해진 숫자의 표현을 제공한다. 이름 전거 파일은 이름에만 쓰이는 것이다.

의회도서관은 또 가장 널리 쓰이는 이름 전거 파일을 가지고 있는데 이 미국의회도서관 이름 전거 파일LCNA: Library of Congress Name Authority File은 사람, 장소 그리고 사물들에 대한 권위 있는 명칭 자료를 제공한다. 마크 트웨인Mark Twain에 대한 LCNAF 입력은 다음과 같다.

트웨인, 마크, 1835-1910

통제 어휘와 마찬가지로 이 표현은 마크 트웨인을 가리키는 단 하나의 정확한 용어이다. 사무엘 랭혼 클레멘스Samuel Langhorne Clemens는 몇 개의 가명으로 글을 썼지만 LCNAF를 메타데이터 성분값을 정하는 기준으로 이용한다면 단 하나의 유효한 방법만 있을 뿐이다. 실제로 "클레멘스, 사무엘 랭혼, 1835-1910"에 대한 LCNAF 입력에는 다음과 같은 주석이 달려 있는데 "이 표목은 주제로서 사용하기에 유효하지 않다. 이 사람의 작품은 트웨인, 마크, 1835-1910로 입력되어 있다." 이다. 전거 파일은 마치 엄격한 안주인 같아서 무엇을 사용할 수 있는지에 대해 매우 한정해서 이야기하고, 잘못된 용어를 사용하려고 하면 엄격하게 지적한다.

LCNAF는 아주 널리 쓰이는 이름 전거 파일 중 하나지만 유일한 것은 아니다. 폴 게티 연구소 J. Paul Getty Research Institute는 두 개의 이름 전거 파일을 만들었는데 CONA(문화적 대상물 이름 전거 파일)는 예술품에 관한 제목과 기타 정보를 제공하며 ULAN(예술가 이름 목록)은 예술가 그리고 예술가들에 관한 이름 및 관련 자료를 제공한다. 마크 트웨인에 대한 ULAN은 다음과 같이 LCNAF와는 약간 차이가 있다.

트웨인, 마크(필명)

많은 다른 전거 파일이 존재한다. 전거 파일들은 국립도서관에서 만들어지는데 국립도서관은 국내에서 간행된 자료와 국가와 연관되어 간행된 자료를 모두 수집해야 하므로 지극히 당연한 것이다(한편, 의회도서관은 국립이 아니라 의회 운영이긴 하지만 실질적으로는 국립도서관 역할을 한다). 당연히 넓은 업무 범위는 다른 나라 국립도서관들의 업무와 중복되게 되는데, 예를 들면 미국 역사에 관한 자료들을 수집할 때 유럽 국립도서관들이 수집한 자료를 복사하지 않고 할 수가 있겠는가? 우리는 이미 의회도서관이 만든 전거 파일이 게티 연구소의 것과 겹치는 것을 보았다.

이런 식의 챗바퀴 돌기를 최소화하기 위해 그리고 또 일을 분산시켜 전거 파일을 유지하는 비용을 줄이기 위해 미국 의회도서관, 독일, 프랑스의 국립도서관 그리고 온라인 컴퓨터 도서관 센터OCLC(다음 장에서 다뤄질 조직이다)가 가상 국제 전거 파일VIAF: Virtual International Authority File이라는 프로젝트를 시작했다. VIAF는 그 이후로 더욱 커져서 이 책을 쓰고 있는 시점에는 전 세계의 22개 기관들과 파트너가 되었다(국립도서관이 아닌 단 하나의 협력자로 게티를 포함). VIAF는 모든 참여자의 기록을 하나로 통합하고 전 세계적으로 공유하는 최고의 전거 파일이다.

시소러스Thesaurus

조금 뒤로 돌아가서 통제 어휘로 가보자. 통제 어휘는 뉴스
픽과 마찬가지로 사용이 허락된 제한된 수의 용어들이다. 그
러나 이 용어의 세트는 단순한 목록일 뿐이다.

시소러스는 목록의 단순함 위에 만들어지는데, 단어 조합에
구조와 계층을 더한 것이다. 그러나 이 구조라는 것이 문법은
아니다. 언어는 단어와 단어를 어떻게 묶어서 조리 있는 문장
을 만드는가에 대한 문법적 규칙으로 되어 있다(당연히 단어와
문법적 규칙들은 시간을 두고 진화하지만 여기저기서 아무렇게나 되
지는 않는다). 언어의 문법적 규칙은 구조가 확실하지만 시소러
스에서의 구조와는 다르다. 시소러스는 단어가 어떻게 사용되
어야 하는지를 관장하지 않고 단어 간의 관계만을 관장한다.

시애틀의 페리의 예로 돌아가 보자. 예를 들어서 통제 어휘
는 미국의 장소를 가리킬 때 허용되는 용어들을 적은 것인데
아마도 2010년 미국 "인구조사 지정 장소"인 2만 9514개일 것
이다. 그러나 이는 용어의 목록일 뿐이다.

시소러스는 이 용어들로 이름 지어진 실체들의 관계를 설명

〈그림 3〉

TGN 계층의 최고 층(계층의 뿌리)

...... 세계(면)

.... 북, 중 아메리카(대륙)

.... 미국(국가)

.... 워싱턴(주)

.... 킹(카운티)

.... 시애틀(거주지)

.... 발라드(이웃)

한다. 시애틀은 올림피아, 스포케인, 왈라왈라 그리고 워싱턴 주 안의 모든 식별 가능한 장소들과 같이 워싱턴주의 '자손'이다. 50개 주는 모두 이와 같은 자손들을 가지고 있다. 이 가상의 시소러스는 2층일 뿐이지만 다층 구조를 가진 시소러스를 쉽게 상상할 수 있다. 도시들은 자손 개체로서 서로 이웃할 수도 있고 또 도로를 자기의 자손으로 가질 수도 있다. 도시들은 주 대신 카운티를 부모로 가지기도 하고 카운티의 부모가 주가 되고 그리고 나라, 대륙이 된다. 실제로 폴 게티 연구소의 지리적 명칭의 시소러스가 만들어진 그대로의 방법이다.

워싱턴주의 이야기는 왜 시소러스가 유용한지에 대한 고전적 예이다. 미국에는 많은 워싱턴이 있다. 워싱턴주, 수도 워싱턴, 연방 안 30여 개 주 안에 워싱턴 카운티, 25개 주 이상 안에 워싱턴이라고 명명된 시 또는 마을 그리고 워싱턴이라고 부르는 집주인까지. 그러나 시소러스에서 이 워싱턴의 다양함을 나타내기는 간단한 일인데 각각이 계층 속에 고유의 위치가 있기 때문이다. 노스캐롤라이나주의 워싱턴 카운티와 메인주의 워싱턴 카운티는 다른 부모를 가지고 있으므로 헷갈리지 않는다.

여기에서 논의하고 있는 유형의 시소러스는 '시소러스'라는 용어의 일반적인 의미와는 좀 다르다. 영어에서 가장 알려진 시소러스는 『로제 시소러스Roget's Thesaurus』인데 단어들과 각 단어의 동의어 반의어들을 열거하고 있는 책이다(현재는 당연히 온라인으로 되어 있다). 예를 들어 『로제 시소러스』에서 '통제'라는 단어를 찾아보면 동의어들이 '규제' 그리고 '제한'이라고 되어 있고 반의어는 '혼돈' 그리고 '무법'이라고 나온다.

『로제 시소러스』(다른 시소러스와 마찬가지로)는 단어들과 그 관계에 대한 목록을 제공한다. 그런데 그 관계는 간단히 말하면 동의어, 반의어이다. 그러나 대부분의 단어들이 그 의미가 모호한 부분이 있다는 것을 감안하면 이 관계가 좀 복잡하게 느껴진다('규제' 그리고 '제한'은 서로 동의어가 아니지만 '통제'와는 각각 동의어이다). 각 단어의 의미는 별개의 실체이고 각각은 고유의 동의어와 반의어를 가지고 있다(예를 들어 '블루'라는 단어를 생각해 보면 색깔과 기분, 최소한 두 가지 의미를 가지고 있다).

이것이 워드넷WordNet이 만들어진 방법인데 워드넷은 정보과학 및 컴퓨터 과학 방면에서 널리 사용되는 영어의 어휘 데이터베이스이다. 한편 언어의 시소러스에는 단어를 어떻게 정의하든지 간에 단지 두 개의 관계(동의어와 반의어)만 있을 뿐이다.

정보과학 입장에서 메타데이터 성분의 값을 제공하는 시소러스는 용어들 간에 다른 그리고 더 복잡한 관계를 가지고 있을 수 있다. 페리의 예로 다시 돌아오면 LCSH는 계층적 관계를 나타내는데 '광의의 용어' 그리고 '협의의 용어'를 사용한다. 예를 들면 '여객선'은 '페리'보다 광의이고 '수상 택시'는 협의의 용어이다. 그래서 '페리'는 '여객선'의 종속 범주이고 '수상 택시'는 '페리'의 종속 범주가 된다. 용어들 사이의 관계는 '―이다'가 된다. 수학 용어로는 이것은 비대칭 이전 관계로 수상택시가 페리이고 페리는 수상 택시가 아니다(Y는 X이고 X는 Y가 아니다) 그리고 페리가 여객선이면 수상 택시 역시 여객선이다(Z은 Y이고 Y는 X이다. 그러므로 Z는 X이다).

이런 식의 계층구조는 일반적이고 가계도와 같은 구조인데 어떤 부모가 한 명 또는 여러 자녀를 두고 있고 그 애들이 다시 하나 또는 그 이상의 자녀를 두는 것 등 같은 것이다. 가계도처럼 부모가 한 명 이상의 자녀를 두었다면 실체들은 친족을 갖게 된다. 그래서 페리, 화물선 그리고 정기 화물선은 여

〈그림 4〉

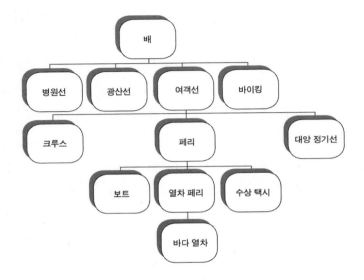

객선의 좁은 의미의 자녀들이기 때문에 서로 친족들이다.

　시소러스에는 일반적으로 또 하나의 관계가 있는데 '선호use for'이다. '선호'의 용도는 어느 특정 용어가 보다 선호되는 용어임을 알려주는 것인데 다른 용어에 우선하여 사용되어야 한다는 것이다. 위의 마크 트웨인 예에서 LCNAF에 "클레멘스, 사무엘　랭혼,　1835-1910"을　입력하면　"트웨인,　마크, 1815-1910"라는 선호하는 용어를 가리킨다. 다른 예로서 지리적 명칭 게티 시소러스TGN: Getty Thesaurus of Geographic Names에는 카사블랑카에 대해서 다르엘바이다, 애드다르알바이다, 안파, 같은 몇 가지의 이름이 적혀 있지만 카사블랑카가 선호 용어라고 적혀 있다. 이들 실체들 간의 관계는 'use for'인데 TGN을 쓰면 다르엘바이다 또는 다른 이름 대신 카사블랑카를 써야 한다.

간단한 네트워크 분석 시도

계층구조라는 것은 네트워크 위상 구조의 하나의 유형일 뿐이다. 수학 용어로 네트워크는 관계들로 연결되어 있는 실체들의 조합을 나타내는 그래프이다. 많은 분야에서 네트워크로 구성되는 현상들을 다루고 있는데 컴퓨터 네트워크, 생물학적 네트워크, 통신 네트워크, 사회적 네트워크 같은 것들이다. 다른 분야들은 네트워크의 대상과 그 관계를 다른 용어들로 부르는데, 우리는 그래프 이론의 용어를 사용하여 이 실체들을 점nodes으로 부르고 그 연결은 선edges이라고 부르기로 한다.

수학의 한 줄기로써 위상수학은 형태와 공간에 대한 연구인데 하나의 사물이 다른 것으로 변형될 수 있으면 형상들은 실제로는 동일한 것이다(예를 들면 커피 머그는 도넛 모양으로 변형될 수 있다). 점 사이의 선으로 만들어진 구조라는 점에서 네트워크의 위상은 네트워크의 한 '형상'이다. 아주 간단한 네트워크 위상 중에는 원(점이 옆의 점에 연결되어 있고 계속 연결되어서 결국 제일 끝의 점이 처음 점에 연결되는 것)과 별(모든 점이 가운데 한 개의 점에 연결된 것)이 있다. 점들의 계층구조 또는 가계도는 나무 위상수학topology이라고 한다.

네트워크 분석이라는 것은 네트워크가 적용되는 분야가 얼마나 다양한가를 고려하면 좀 잘못 정의된 용어이다. 그러나 여기에서 네트워크 분석이란 각 부분의 부속물보다 더욱 복잡한 현상들을 연구하기 위해 네트워크를 사용하는 것이다. 예를 들면 월드 와이드 웹www: world wide web은 전 세계 서버의 합 이상의 것으로 개별 서버가 보여주지 못하는 행태를 보여준다. 마찬가지로 사회적 네트워크는 서로 알고 있는 개개인의 조합 이상이다.

페이스북Facebook, 트위터Twitter, 여러 소셜 네트워킹social networking 서비스 그리고 전화번호를 수집하는 미국 국가안보국에 대한 뉴스 덕분에 소셜 네트워크 분석은 최근 몇 년 사이에 아주 잘 알려졌다. 하지만 소셜 네트워크 분석은 네트워크 분석 중 하나로서, 컴퓨터, 신경세포 또는 네트워크를 형성하고 있는 다른 많은 실체 간의 연결과는 달리 사람과 사람 간의 연결에 관한 분석이다. 예를 들어 페이스북으로 대표되는 소셜 네트워크에서 점은 사람, 장소, 조직이고 단 하나의 관계는 '친구' 또는 '좋아요'이

〈그림 5〉

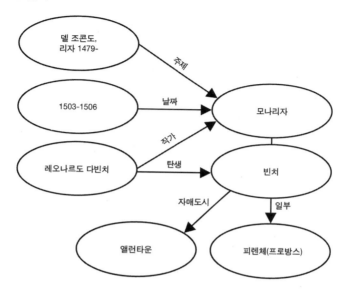

다. 페이스북에서의 소셜 네트워크는 상당히 수평적인데 사람, 장소, 조직이란 것이 아주 넓은 개념이어서 페이스북에서의 '친구'가 실제로 친구는 아니다. 사람 사이에 존재하는 여러 관계를 나타내는 명칭은 친구, 친지, 이웃, 협업자, 동료, 친척, 부부, 고용인, 적, 숨은 적 등 수없이 열거할 수 있다. 또한 소셜 네트워크조차도 네트워크 안의 모든 실체가 사람, 장소, 조직일 필요는 없다. 예를 들면 미국 국가안보국의 소셜 네트워크 분석은 아마도 전화번호, 이메일 주소 같은 실체를 포함하고 있을 것이다.

네트워크 분석은 그 자체가 아주 폭넓고 흥미 있는 연구 분야인데 여기에 정답은 없다. 이 주제의 다양한 책들은 「더 읽을거리」에 열거되어 있다.

선으로 연결된 두 개의 점은 네트워크의 가장 기본적인 단위이다. 이 세 부분의 관계는 주제-서술-대상의 3종으로 위에서 논의된 바 있다. 메타데이터 기술에서의 주제와 대상은 둘 다 점이고 서술이 선이다.

〈그림 5〉의 네트워크 예에서 우리는 모나리자로부터 펜실베이니아의 앨런타운Allentown으로 대단히 빠르게 움직이는데, 이 두 실체 간에는 일반적으로 거의 관련이 없다. 더 많은 실체와 관계가 추가되면서 네트워크는 빠르게 성장한다. 실제로 더 많은 실체와 관계가 쌓이다 보면 실제로 전 우주 안의 모든 것은 관계 네트워크를 그릴 수 없는 것이 없고 중단할 수도 없다. 그러나 일반적으로 그런 식의 그리기는 가능하지 않다. 우리는 6장 지도 그리기에서 연계된 자료linked data를 다시 다룰 것이다.

간단히 이야기하면 네트워크 안의 점은 어떤 유형의 실체일 수 있고 선은 실체 사이에 있는 어떤 유형의 관계일 수 있다. 컴퓨터, 소셜, 신경세포 등 네트워크의 성격이 자연히 네트워크 안에 존재하는 실체와 관계의 유형을 좌우하게 된다. 선이 어떤 관계든 될 수도 있다면 이제 온톨로지에 대해 논의해야 한다.

온톨로지 Ontology

철학에서 온톨로지는 현실의 성격 그리고 존재하는 사물들의 구분에 대한 연구이다. 정보과학에서의 온톨로지는 어느 특정 영역에 존재하는 사물 세계에 대한 공식적인 표현이다. 온톨로지에 대한 이 두 가지의 접근이 함께 공유하는 것은 둘 다 비록 작은 세계라 하더라도 실체와 실체 간의 관계를 명확히 적고 있다는 것이다.

시소러스는 계층구조이기는 하지만 실체 간의 관계가 상당히 단순해서 보통은 '—는 —이다'로, 예를 들어 "수상 택시는 페리이다. 페리는 여객선이다"로 나타난다. 시소러스의 다른 일반적인 관계의 예는 '—의 일부이다'(일례로 빈치Vinci는 피렌체Firenze의 일부이고 피렌체는 투스카니Tuscany의 일부이다), '—이었다'(존 타일러는 미국의 대통령이었다), '—의 부분'(팔꿈치는 팔의 부분)이다. 하지만 원론적으로는 시소러스에서는 관계만 다룰 뿐이다.

온톨로지는 시소러스 위에 세워지는데, 온톨로지는 실체와 그들 간 관계의 조합이고, 계층구조로 되어 있어 실체를 명명하고 관계를 표현하기 위해 통제 어휘와는 다른 인코딩 스키마를 이용하곤 한다. 실제로 온톨로지는 시소러스와 아주 많이 닮아서 두 용어는 서로 바꿔 사용하기도 하지만 그렇게 하는 것은 옳지 않다.

온톨로지는 규칙을 갖고 있다는 점에서 시소러스와 차이가 있다. 가계도는 간단한 계층구조를 갖고 있으므로 좋은 예이다. 계층구조에는 자손들이 있는데 가계도에서는 이것이 말 그대로 부모-자식 관계이다. 가계도에는 실제로 아버지, 어머니라는 두 부모 관계와 딸과 아들이라는 두 자손 관계가 있다. 이것을 알고 나면 다음과 같은 규칙을 만들 수 있다. A가 여성이면 A는 B의 어머니 또는 반대이고 A가 B의 어머니이면 A는 여성이다. 여성이란 것은 실체가 가질 수 있는 특성이고 그 특성에 근거를 두고 실체와 다른 실체와의 관계에 대한 추론이 가능하다. 또는 거꾸로 두 실체 사이의 관계를 알고 있다면 실체의 하나 또는 그 이상의 특성에 대한 추론을 할 수 있다. 추론은 시소러스의 최상층부에 있는 층으로서 세상에 대한 지식을 온톨로지로 통합시키는 방법이다.

세상에 대한 이런 지식은 행동 규칙으로 입력될 수 있는데 그 예가 소프트웨어이다. 일례로 족보학에는 다음과 같은 규칙이 존재한다. B가 여성이면 B와 다른 자식 실체들과의 기본 관계는 어머니이고 우기호가 B의 이름 옆에 기록되어야 한다.

통제할 수 없는 메타데이터

시소러스에 입력하는 방법부터 온톨로지까지, 이 장에서는 메타데이터 스키마 안 성분에 채울 값을 만들고 또는 선택하기 위해 아주 작은 것에서부터 점점 더 체계화되고 많은 정보를 담는 구조물로 옮겨 왔다. 그러나 이번 절에서는 완전히 반대인, 전혀 구조가 없는 것을 다루어보자.

소설 『1984년』에서 뉴스픽은 어휘를 제한하면, 소통하고 생각하는 개념을 제한한다고 전제해 단어의 수를 제한했다. 뉴스픽과 마찬가지로, 인코딩 스키마는 통제 어휘가 하듯이 허용하는 용어의 수를 제한하거나, 문법syntax 인코딩 스키마에서처럼 용어의 구조를 특정함으로써 사용할 수 있는 용어를 통제한다. 인코딩 스키마에 깔려 있는 전제는 자연 언어는 애매한 것이어서 메타데이터의 복잡성을 제한하기 위하여 통제가 필요하다는 것이다. 이것이 메타데이터에 대한 하향식, 지휘통제식 접근 방법이다.

대신 메타데이터에 대해 상향식, 풀뿌리 접근을 하면 어떨까? 사용 가능한 용어들에 대한 통제가 없으면 어떨까? 인터넷의 장점은 통제되지 않는 것이다. 물론 IP 주소를 부여하거나 비상대응 같은 기능들은 중앙에서 통제되고 있다. 하지만 어떤 내용을 인터넷에 올릴지 관장하는 기관은 없다.

인터넷이 대체로 통제되지 않는다는 것이 **비통제** 어휘에는 풍부한 토양이 된다. 통제 어휘는 메타데이터의 특정 성분에 값으로 쓰일 수 있는 한정된 숫자의 용어만 제공하지만 비통제 어휘는 아무 용어나 사용할 수 있도록 한다. 아무 용어라는 의미는 정말 모든 용어를 뜻하므로 선택된 언어의 모든 용어뿐 아니라 비통제 어휘는 새로 만들어진 용어들도 쓸 수 있도록 한다.

물론 몇몇 성분들은 자연스럽게 이러한 비통제를 허용한다. 예를 들어 제목 성분은 자원을 만들어낸 사람이 원하는 대로 이름을 지을 수 있어야 하므로 가장 통제되지 않는다. 책 제목의 이름 전거 파일을 만드는 위원회는 『커다란 배들을 피하는 방법』 또는 『동북 아메리카에 있는 길 잃은 쇼핑 카트?』 같은 제목을 생각조차 할 수 있었을까? 하지만 통제함으로써 엄청난 혜택을 보는 성분도 있다. 예를 들어 날짜 성분은 그것을 쓰는 방법이 너무 많아서 오히려 가장 잘 통제되는 것 같다. 간단한 예로 미국에서는 월-일-년 형식이 일반적인 반면 유럽에서는 일-월-년이 일반적이다.

이 양 극단 사이에서 어느 쪽으로든 오갈 수 있는 성분이 많이 있다. 그중 주제는 가장 악명이 높다. 위에서 이야기했듯이 주제는 실존하는 가장 커다란 통제된 어휘인 LCSH의 주인이다. 다른 한편으로 주제는 종종 통제되지 않는 쪽에 속하기도 한다. 블로그를 쓰거나 유튜브에 비디오를 올리거나 굿리즈Goodreads에 책을 저장해 보았다면 그 곳에 본인이 원하는 대로 아무 태그라도 붙일 수 있다는 것을 알 것이다.

이 태그에는 두 가지 목적이 있다. 이 태그는 서비스 사용자 본인에게는 자신의 것들을 정리하는 데 쓰인다. 아무리 이상해도 원하는 대로 태그를 만들고 본인의 것들을 조사하고, 검색하고, 찾아낼 수 있다. 굿리즈 안에 있는 책에 '읽을 책'이라는 태그를 붙여도 된다. 설령 세상 어느 사람의 '읽을 책' 목록에 없더라도. 혹은 플리커flickr에 실린 사진에 "개떡"이라고 태그를 붙여도 좋다. 설령 그 태그를 사용하는, 이 세상 유일한 사람일지라도. 태그는 개인적인 용어이고 만든 사람에게만 의미 있으면 된다.

그런데도 대부분의 사용자들은 어느 특정 내용물에 대해 같거나 비슷한 태그를 붙이는 것으로 밝혀졌다. 예를 들어 굿리즈 안의 『은하수를 여행하는 히치하이커를 위한 안내서』라는 책에 관한 가장 많은 태그는 '과학 소설' 그리고 '유머'였다(굿리즈는 태그를 '맞춤서가'라고 부른다). 굿리즈는 수천 명의 사용자들이 색다르게 만든 태그들을 모아서 이 책의 장르를 정확히 짚어냈다. 그래서 앞으로 굿리즈 독자들이 "읽을 만한 과학 서적이나 유머나 재미있는 과학 소설"을 검색하면 『은하수를 여행하는 히치하이커를 위한 안내서』를 찾게 될 것이다.

이것이 정확한 태그의 용도이다. 온라인의 콘텐츠를 찾거나 살펴볼 때 사람들이 실제로 찾거나 살펴보는 방법을 반영한 용어를 사용하도록 한다. LCSH는 대단한 것이긴 하지만 『은하수를 여행하는 히치하이커를 위한 안내서』에 달린 주제표목은 아마도 많은 사람들이 그 책을 찾는 방법을 반영하고 있지는 않을 것이다.

프리펙트, 포드(허구의 인물)-----소설
덴트, 아서(허구의 인물)-----소설

이 주제표목은 이들 두 사람이 책 속의 인물들이라는 면에서 정확한 것이다. 그러나 이 책을 이런 식으로 찾으려 하는 사람은 거의 없을 거다.

굿리즈에서 "과학 소설"이라는 태그 외에 『은하수를 여행하는 히치하이커를 위한 안내서』에 대한 인기 있는 태그는 '공상과학소설' 'SF소설' 그리고 'SF'이다. 이런 차이는 특색 있는 값이라는 문제를 다시 생각하게 한다. 태그가 상식적인 방법으로 검색하고 살펴보는 데 유용한 것이라면 변종 태그는 과연 그 유용성을 해치는 것은 아닌가?

한편으로는 맞다. 만일 사용자가 'SF'로 살펴보고 있다면 '공상과학소설'이라고 태그된 책은 찾지 못할 것이다. 반대로 그 태그의 수가 충분히 많으면 상당한 중복이 있을 가능성이 있다. 어떤 책을 누군가는 'SF'로 또 다른 사용자는 "공상과학소설"로 태그했을 수 있다. 그러므로 이런 변동성은 태그의 유용성을 완전히는 아니지만 감소시킨다.

대부분의 사용자들이 어느 특정 콘텐츠에 대해 같거나 비슷한 태그를 사용하지만 어떤 사용자의 태그는 아주 색다르다. 예를 들어 굿리즈 사용자 한 사람은 『은하수를 여행하는 히치하이커를 위한 안내서』를 'xxe' 그리고 다른 사람은 'box-8'이라고 붙였다 하자. 그럼 이 태그들은 무슨 의미를 가지고 있을까? 쓸데없는 걱정이다. 'xxe'라는 태그는 틀린 것이 아니며 당신에게는 아니지만 누구인가에게는 의미가 있다. 세상에는 나쁘거나 잘못된 태그는 없고 한 사람에게라도 유용하다면 좋은 태그이다. 많이 사용되지 않고 단 한 사람에게만 유용하더라도.

이것이 통제 그리고 비통제 어휘의 근본적 차이인데, 통제 어휘는 대상물들을 서술하는 표준화된 용어를 제공하는 데 반해 비통제 어휘는 어떤 그리고 모든 용어가 나타날 수 있다. 통제 어휘는 선택의 범위를 제한하는 통제를 하고 비통제 어휘는 수백송이의 꽃을 피운다.

물론 우리 주변 현실의 복잡성을 단순화시키려 하는 것이 인간의 본성이다. 그래서 사용자들의 커뮤니티가 종종 태그를 사용하는 서비스 주변에 생겨나고 태그를 정상화하기 위해 노력한다. 위키피디아에서는 이런 일이 아주 일반적인데 일례로 위키피디아 주제의 구분 범위를 만들고 정하는 그룹들이 있다. 그러므로 통제되지 않는 어휘들을 더 통제하도록 하는 끊임없는 압력이 있다. 그리고 당연히 통제 어휘 역시 바뀌는데 여러 실체들에 대한 지식의 변화를 반영하려는 노력으로, 새로운 용어가 만들어지고 안 쓰이는 용어는 탈락한다. 순수한 의미의 통제되는, 통제되지 않는 어휘는 더 이상 없다. 모든 실제 어휘들은 크고 작은 통제 범위 안 어딘가에 있다.

기록 record

메타데이터 스키마는 어떤 종류의 주제-서술-대상 문구를 만들 수 있는가에 대한 규칙의 조합이다. 성분은 스키마에 따라 만들어지는 문구에 대한 구분이고 값은(성분에 대한) 스키마 규칙에 따라 성분에 주어진 자료를 말한다. 이제 우리는 어떻게 값을 만들고 선택하는가를 논의한 길고 긴 이 장의 한 절을 끝내고 메타데이터 기록record으로 넘어간다.

메타데이터 기록은 한 가지 자원에 대한 주제-서술-대상 문구의 조합이다. 스프레드시트에서 행 하나는 하나의 실체에

대한 입력으로 실체에 대한 모든 자료를 담고 있고 각 열 머리
글에는 어떤 구분인지 적혀 있다. 마찬가지로 메타데이터 기
록은 자원 하나(예: 모나리자)에 대해서는 정해져 있어서 그 자
원에 대한 모든 메타데이터를 담고 있고(레오나르도 다빈치,
1503-1506 등) 그것의 구분은 스키마의 성분으로 정해져 있다
(작가, 날짜, 등).

메타데이터의 중요한 특성은 다음과 같다. 하나의 자원에
대해서는 단하나의 메타데이터 기록만 있어야 한다. 이것은
아주 중요한 것이어서 일대일 원칙이라고 한다. 한 가지 자원
에 한 개의 기록. 이 원칙은 원래 더블린 코어 메타데이터 기
록에서 시작되었지만 이제는 외부에도 적용되고 있다.

실제로 일대일 원칙은 모나리자에 대해 단 하나의 메타데이
터 기록이 있어야 한다고 적고 있다. 이는 액면상으로는 완전
히 맞는 말처럼 들린다. 그러나 모나리자로부터 도출된 작품
이 아주 많이 있다. 예를 들어 마르셀 뒤샹Marcel Duchamp의 작품
L.H.O.O.Q.는 모나리자와는 전혀 다른 작품이고 그래서 메
타데이터를 따로 가질 만하다. 다른 예로 루브르 박물관이 만
들고 보존하면서 원본의 완벽한 모조품으로 삼으려고 하는 모
나리자의 고해상도 디지털 사진은 어떻게 해야 하나? 이것은
모나리자와 전혀 다른 것으로 간주되어 독자적 메타데이터를
가져야 할까? 그렇다. 모나리자의 디지털 사진은 모나리자가

아니다.

많은 메타데이터 스키마는 이런 상황과 관련 있는 성분을 가지고 있다. 더블린 코어와 VRA 코어(영상 자료 연합이 만든 영상 작품을 서술하는 스키마), 둘 다 관계라고 부르는 성분을 가지고 있는데 폴 게티 재단의 예술 작품 기술 범주CDWA: Categories for the Description of Works of Art에는 연관 작품이라는 성분이 있다. 루브르 박물관의 모나리자의 고해상도 디지털 사진은 L.H.O.O.Q.와 마찬가지로 모나리자라는 자원과 연관성이 있는 것이다. 이 두 가지 자원 모두 성분-값을 공통으로 가지고 있는데 모나리자와의 연관성을 시사하고 이 자원들과 그것들이 도출된 자원과의 관계를 설정한다. 그러므로 일대일 원칙은 지켜지고 각 자원은 자기 고유의 메타데이터를 가지고 있지만 자원 간의 중요한 관계는 파악된다.

일대일 원칙은 심각한 단점이 하나 있는데 선택할 수 있는 여러 메타데이터 스키마가 있다는 것이다. 여기가 일대일 원칙이 무너지는 지점이다.

실제로 일대일 원칙은 일대일대일 원칙이라고 다시 명명될 만하다. 하나의 자원, 하나의 메타데이터 스키마에 대해서는 하나, 단하나의 메타데이터 기록이 있어야 한다. 모나리자, 모나리자의 디지털 사진, 그리고 L.H.O.O.Q. 모두는 더블린 코어DC로 정해진 성분을 이용한 고유의 메타데이터 기록을 가져

야 한다. 그러나 이것들은 CDWA의 성분으로 쓴 고유의 메타
데이터 기록 역시 가지고 있고 VRA 코어의 성분으로 만든 세
번째 고유의 기록도 가지고 있다.

어느 특정 자원에 대해 DC 기록 또는 CDWA 기록 또는 또
다른 메타데이터 스키마로 쓰인 기록을 사용하는 이유는 용도
에 따라 다르다. 자원이 무엇인가? 누가 사용하는가? 메타데
이터로 무엇을 하려고 하는가? 여러 메타데이터 조합의 장단
점과 각 성분에 할당할 수 있는 값 들은 이어지는 장에서 논의
될 것이다.

메타데이터 기록의 위치

하나의 자원에는 하나의 메타데이터 스키마로 쓴 단 하나의
메타데이터 기록만 있어야 한다. 하지만 여기에 의문이 따른
다. 기록이 어디에 있는 것인가? 메타데이터가 있어야 하는
곳은 안과 밖 두 군데라는 것이 그 답이다. 그 말은 기록이 가
리키는 자원 안에 심어져 있거나 자원과 떨어져 있는 것이다.

우리는 이 두 위치에 있는 기록의 예를 이미 본 바 있다. 하
나는 이 책의 판권면에 있는 LCSH, 주제표목 및 여러 메타데
이터들로 이 책 안에 심어져 있는 메타데이터 기록이다. 다른

한 편, 장서목록의 카드는 책과는 별개의 것이지만 이 책에 대한 (동일한 정보의 대부분을 가진) 메타데이터 기록이다.

실제와 온라인 양쪽 세상 모두에서 안과 밖이라는 개념이 어디에 무엇이 있을 수 있는지 정리해 준다. 실물 또는 디지털 사물 모두 메타데이터를 내부에 두거나 따로 둘 수 있다. 여기서 생기는 의문은 어느 것이 더 선호되는가이다 그 답은 역시 상황에 따라서이다. 대부분의 경우 용도가 무엇인가에 달려 있다.

대상물 안에 심어진embedded 메타데이터는 일반적으로 대상물과 함께 만들어진다. 제7장에서 더 다루겠지만 schema.org를 살펴보자. schema.org는 HTML파일에 일반적으로는 구조화되지 않은 자료를 구조화하여 넣을 수 있게 하는 표준이다. 그러므로 이 내부 메타데이터는 웹 사이트를 만든 사람의 권한을 대표할 것이다. 그러나 대상물 안에 심어진 메타데이터는 바꾸기가 힘들거나 불가능하다. 예를 들어서 사용자로서 여러분은 웹 페이지 상의 마크업을 바꿀 수 없고 웹 관리자만이 할 수 있다. 내부 메타데이터는 권한이 강하지만 정해져 있는 것이다.

대상물 밖의 메타데이터는 대상물과 함께 만들 수도 있지만 나중에도 쉽게 만들 수 있다. 데이터베이스 안에 저장된 출판물에 대한 메타데이터 기록을 살펴보자. 예를 들어, 학술지에 실린 내 논문이 온라인 데이터베이스에는 다른 작가로 잘못 기재되어 있는 것을 발견했다고 하자. 다시 말하면, 그 논문에 대한 메타데이터에서 작가 난에 틀린 값이 할당되었다. 내가 데이터베이스 담당자에 연락하자, 몇 시간 안에 그 기록을 고쳐주었다. 이야기는 나에게 기분 좋게 끝났고 데이터베이스 사업자는 잘 반영해 주었다. 그러나 대상물 외부에 있는 메타데이터는 필연적으로 누가 메타데이터를 만들었는가, 얼마나 그 과정이 믿을 만한가라는 의문이 생긴다. 더욱이 외부의 메타데이터는 특정 용례에 맞춘 것이어서 학술 논문의 상업적 데이터베이스용으로 만들어진 메타데이터 기록은 구글 학술 검색Google Scholar 용도로 만들어진 것과 다르고 인용관리를 위한 응용프로그램에서 만든 기록과도 다르다. 외부의 메타데이터는 유연하지만 권위가 의심되는 것이다.

디지털 파일의 경우 그 자원의 메타데이터가 정확히 어디에 있는지 알아내기가 어려운 경우가 있고 기록의 위치가 바뀔 수도 있다. 그레이스노트라는 회사는 CDDB(컴팩트디스크 데이터베이스)를 가지고 있는데 그 명칭이 시사하듯이 컴팩트디스크CD와 그에 수록된 음악 파일들에 대한 서술식 메타데이터 기록을 적은 데이터베이스이다. CDDB는 온라인으로 되어 있어서 허가된 음악 응용 프로그램은 그 이용자에게 메타데이터를 보여주기 위해 이 기록에 접근할 수 있다. 다른 말로 하면

CDDB는 외부 메타데이터 모음이다. CDDB의 경우 처음에는 CD가 콘텐츠에 대한 메타데이터를 전혀 담고 있지 않아서 만들어진 것이다. 나중에 CD에 메타데이터를 저장하기 위한 CD 문구 사양이 개발되었다. 이 CD 문구 자료는 CD 위에서 서술하는 음악 파일과는 다른 위치에 저장된다. 그러므로 CD 위의 CD 문구 기록은 역시 외부 메타데이터이고 같은 의미로 책의 저작권 페이지에 있는 메타데이터 역시 책 속의 실제 콘텐츠와는 별개이다. CD가 지워질 때 많은 응용 프로그램들은 CD 안 오디오 파일의 CD 문구 자료도 지운다. 다르게 이야기하면 디지털 오디오 파일의 CD 문구 메타데이터는 파일 안에 있다.

메타데이터 기록이 대상물의 내부에 있다면 그 기록은 그 대상물을 서술하는 것이 분명하다. 책 속 저작권 페이지 속 메타데이터는 분명히 바로 그 책을 서술하고 있는 것이다. 웹 페이지 안의 schema.org 표시는 분명히 바로 그 웹 사이트를 가리키는데 만일 그렇지 않다면 비상식적이다. 그러나 메타데이터가 서술하는 대상물 밖에 있다면 어떻게 이 두 개가 연결될 수 있는가? 어느 대상물의 메타데이터 기록이 어디에 있는지 어떻게 알 수 있는가? 반대로 어느 기록이 어느 대상물을 가리키는지 어떻게 알 수 있을까? 간단히 얘기해서 이 질문에 대한 답은 더 많은 메타데이터가 필요하다이다.

책에 대한 메타데이터 기록은 제목 그리고 저자 같은 성분을 가지고 있다. 이 두 성분만으로도 일반적으로는 그 책을 식별하기에 충분하다. 세상에는 메타데이터라는 제목을 가진 책은 한 권 이상인데 제프리 포머란츠가 쓴 책은 단 하나이다. 책에 대해 추가로 제공되는 메타데이터는 장식 같은 것으로 그 책을 확실히 식별하려는 목적이다. 이 세상에 제목 메타데이터, 저자 제프리 포머란츠, 2015년에 MIT출판사에서 출판된 책은 한 권 밖에 없다.

대상물을 확실히 식별하는 방법으로 여러 개의 성분을 합쳐서 보는 것보다는 단 하나의 성분으로 식별하는 방법이 선호된다. 도서관의 책은 미국 의회도서관 분류법LCC: Library of Congress Classification에 의해 매겨진 청구기호로 식별한다. 이 책을 출간한 직후 미국 내의 다른 모든 책들과 마찬가지로 LCC청구기호가 매겨졌다. 이 책이 어느 도서관의 서가에 이 청구기호에 따라 비슷한 주제의 다른 책들 근처에 놓여서 도서관 사용자들이 편리하게 사용할 수 있다. 물론 LCC는 책의 청구기호를 붙이는 하나의 방식이고 일반적 방식은 듀이 십진 분류법이다. 도서관 외에서는 출판사들이 책을 분명하게 식별하는 또 다른 방식이 있는데 국제표준도서번호ISBN이다.

이 청구기호는 책 외부의 메타데이터로 장서목록에 있는 메타데이터 기록에서 볼 수 있다. 그러나 청구기호가 유용하기 위해서는 책 안에도 있어야 한다. 책의 청구기호는 저작권 페이지 속 출간 자료 목록들과 함께 인쇄되어 있고 도서관에서는 종종 스티커로 책 등에 붙여져 있다. 다르게 말하면 청구기호는 내부 메타데이터처럼 추가되어 있다(설령 대상물밖에 있더라도). 이런 메타데이터의 존재는 사서가 이 책을 어느 서가에 꽂아야 하는지 알게 하고 도서관 사용자가 어디서 찾을 수 있는지 알도록 한다.

그러므로 외부의 메타데이터가 유용하려면 내부 메타데이터의 존재에 의지해야만 한다. 내부 메타데이터가 필연적으로 있어야만 한다면 도대체 왜 외부 메타데이터가 필요한 것인가? 그것은 외부 메타데이터가 사용자의 시간을 절약해 주기 때문이다. 제1장에서 논의했듯이 메타데이터의 가장 중요한 용도는 자원 검색이다. 외부의 메타데이터는 내부 메타데이터보다 자원 검색에 훨씬 유용하다. 도서관의 목록이 도서관 전체보다 훨씬 작고 찾기 쉽다.

고유 식별자

고유 식별자는 말 그대로 하나의 실체를 다른 실체와 혼동됨이 없이 확실하게 식별하는 것이다. 일반적으로 고유 식별자는 이름 또는 주소이다. 사실 고유 식별자를 논의할 때 둘 사이의 차이가 없어지곤 한다.

백악관의 예를 들어보자.

1600 펜실베이니아 애비뉴 NW

워싱턴 DC 20500

워싱턴 DC는 지리적으로 가장 넓은 지역이고, 그 다음 우편번호, 그리고 길 이름, 길 위의 건물 번호순으로 쓰인 이 주소는 단일 건물을 확실히 식별하는 데 충분하다. 워싱턴 DC에는 단 하나의 펜실베이니아 애비뉴 NW가 있고(펜실베이니아 애비뉴 SE도 있다) 1600번지는 펜실베이니아 애비뉴 NW에서 단 하나이다. 당연하지만 고유한 빌딩을 확실히 식별하는 것이 우편 주소 제도의 전부라는 것을 지적할 필요가 있다.

특정 자원을 위한 고유 식별자 인코딩 스키마가 있다. ISBN 그리고 책의 청구기호, 온라인 출판물은 DOIDigital Object Identifier, 소리 녹음은 ISRCInternational Standard Recording Code, 물리적 공간은 GPS, 날짜와 시간은 ISO 8601, 미국 국민을 위한 사회보장번호 같은 것이다. 심지어 학문 연구자에 대한 고유 식별자를 만드는 시스템으로 학술 저자 식별 코드 ORCIDOpen Researcher and Contributor ID도 있다.

〈그림 6〉

http://mitpress.mit.edu/books/metadata/

입력법   이름   영역   경로

온라인상의 실체를 확실히 식별하는 것은 두 가지 이유에서 특히 중요하다. 첫째 온라인 대상물에 접근하는 데 쓸 수 있는 기술이 다양하다. HTTP는 온라인으로 자료를 교환하는 표준 방식으로 등장했지만 항상 그런 건 아니다. 지금도 많은 웹 브라우저가 있다. 따라서 크롬에 URL을 넣으면 사파리나 파이어폭스에서와 똑같은 웹 페이지를 열어 보여주는 것이 중요하다. 둘째로 웹상의 대상물들은 상당히 쉽게 이동이 가능하다. 예를 들어 어느 조직의 서버 기반시설이 변하는 경우처럼, 어떤 특정 웹 콘텐츠의 위치는 쉽게 바뀔 수 있다. 그럴 때에도 여전히 같은 내용을 표시할 수 있어야 한다.

이것이 가능한 방법은 통합 자원 식별자URI: Uniform Resource Identifier 사용하는 것이다. 통합 자원 지시자URL: Uniform Resource Locator는 전형적인 웹 주소이고 URI의 한 형식이다. URI는 웹 위의 네트워크 공간 안에서 고유 식별자를 말하지만 고유의 주소라고 생각해도 좋은데 그 주소에는 단 하나의 대상물만 존재하기 때문이다.

인터넷에서 자원에 대한 URI는 현실 세계에서 빌딩에 대한 우편 주소와 같다. 즉 단 하나의 대상물을 확실하게 알아내는 식별자이다. URI(그리고 우편 주소)는 대상물의 내부 메타데이터이다. 또는 URI(그리고 우편 주소)는 대상물의 내재된 메타데이터라고 부르는 것이 더 정확할 수도 있는데 대상물이 변하면 URI도 따라서 변화하기 때문이다. 고유 식별자가 자원 안에 내재되어 있으므로 이 식별자가 가장 중요한 단 하나의 메타데이터이고, 외부 메타데이터 기록이 가리켜야 하는 주소(또는 이름, 또는 위치)가 되는 것이다.

3

서술식 메타데이터

표준은 마치 칫솔과 같아서
모든 사람이 좋은 것이라고 생각하지만
다른 사람의 것을 쓰고 싶어 하지 않는다.
_ 게티 연구소 머사 바커 Murtha Baca

이 장에서는 아마도 가장 간단한 종류의 메타데이터지만 폭넓게 개발된 첫 번째 종류의 메타데이터인 서술식 메타데이터에 대해 알아보려고 한다.

이를 위해 글자 그대로 무엇이든지 서술할 수 있게 고안된 서술식 메타데이터 스키마인 더블린 코어에 대해 알아보자.

친구야, 내 코어가 어디에 있니?

더블린 코어는 예상과 달리 아일랜드의 더블린이 아니고 오하이오주 콜럼버스 인근 더블린의 이름을 땄다. 오하이오의 더블린은 온라인 컴퓨터 도서관 센터OCLC의 본부로서 정보기관들을 위해 많은 도구를 개발하고 빌려주는 비영리단체인데 특히 도서관 시장에서 중요한 역할을 하는 기관이다. 왜 더블린 코어는 OCLC가 본부를 둔 도시의 이름을 따랐을까? 이 질문에 답하려면, 믿기지 않겠지만, 월드와이드웹의 기원을 돌아볼 필요가 있다.

1993년 11월, 국립 슈퍼컴퓨팅 앱 센터NCSA는 모자이크 Mosaic 1.0을 배포했다. 모자이크는 문자와 이미지 파일을 인터넷에서 동시에 보여주는 최초의 응용 프로그램이다. 물론 지금은 웹을 보는 익숙한 방법이다. 그러나 모자이크의 배포 전에는 인터넷에서 파일에 접근하는 도구는 한 번에 한 개의 파일만 볼 수 있었다. 1993년, 문자와 이미지를 나란히 보여주는 기능은, 모자이크라는 응용 프로그램을 "킬러 앱"으로 만들었고 웹의 유행에 큰 역할을 했다. 수개월 만에 모자이크는 백만 사용자를 넘었고 1995년 초 웹과 그 핵심 기술인 하이퍼텍스트 전송 규약HTTP: Hyper Text Transfer Protocol은 전송되는 자료의 양 면에서 다른 모든 인터넷 기반 서비스를 추월했다(우리는 더 이상 다른 서비스를 생각조차 하지 않지만 옛날에는 파일 전송 프로토콜FTP: File Transfer Protocol, 고퍼Gopher, 텔넷Telnet, 광역 정보 서버 WAIS: wide area information server 그리고 지금은 이상하게 들리는 이름의 다른 서비스들이 자료를 전송하는 인기 있는 방법이었다).

1995년 3월, 미국 슈퍼컴퓨터응용연구소NCSA: National Center for Supercomputing Applications와 OCLC는 더블린에서 웹상의 메타데이터를 의논하기 위해 초청 간담회를 주재했다. 그 당시 구글은 없었을 뿐 아니라 연구 프로젝트조차 아니었다. 하지만 몇 개의 검색엔진이 있었는데 어느 것도 시장을 장악하지는 못했다. 이때의 검색엔진들은 현재 기준으로 보면 다소 원시적이지만 그 당시에는 효과적이었다. 1995년 간담회에 참석했던 컴퓨터과학자와 정보과학자는 웹 검색이 폐쇄적이 되고 있다는 것을 알아차렸다. 웹 전체에 대한 색인을 제공하는 검색엔진이 없고 파일명 외에는 색인된 파일에 대한 설명을 따로 제공하지 않았다. 더 고약한 것은 어떤 툴의 경우(FTP, Gopher 등) 자기의 방식을 사용하고 있는 파일만 검색할 수 있었다. 그래서 1995년의 간담회는 "네트워크화된 전자 정보물에 대한 자원 서술(메타데이터) 기록 개발에 관한 기술을 발전시키기 위해서" 소집되었다.

간담회에서의 합의는 웹 검색 도구가 계속 유용하게 사용되기 위해서는 웹상의 파일들이 더 잘 설명되어야 한다는 것이었다. (정보 검색, 네트워크 분석 그리고 연관 분야의 뒤따른 발전은 이것에 대한 추가 논의를 불러왔다. 그러나 그 논의는 이 책의 범위가 아니다) 그래서 간담회의 목적 중 하나는 "네트워크 자원을 설명하는 메타데이터 성분 핵심 조합"에 대한 합의에 이르는 것이다.

더블린에서 결정된 메타데이터 성분의 핵심 조합. 이 장 첫머리에서 논리적이지만 대단히 역겨운 비유 재인용을 용서한다면 더블린 코어는 모든 사람의 칫솔로 만들어졌다.

채택 비용

더블린 코어의 메타데이터 성분은 최소 공통분모로 탄생했다. 이 말은 폄하하려는 말이 아니고 사실은 신중한 설계 결정이었다. 무엇인가를 코어라고 부르는 것은 모든 이에게 그리고 모든 용도에 핵심이 된다고 가정하는 것이다. 어느 그룹이 무엇인가에 대한 핵심 조합을 만들었는데, 다른 사람들은 올바른 조합이 아니라고 하면서 독자적인 다른 조합을 만들어내는 것은 누구에게도 아무 도움이 되지 않는다. 그러면 표준만 늘어날 뿐이다.

그러므로 무엇인가 코어 세트를 만드는 것이 목적이면 그 세트는 아주 설득력이 있어서 모든 사람이 사용하도록 해야 한다. 성공적이려면, 더블린 코어의 메타데이터 성분 세트가 폭넓게 채택되어야 하고 실제로 필요로 하는 모든 이들이 사용해야 한다. 필요로 하는 모든 사람이 채택할 만한 도구를 어떻게 만들 수 있을까?

다행히 학자들이 바로 그 질문을 수십 년간 연구해 왔다. 에베렛 로저스Everett Rogers가 쓴 『혁신의 확산』이라는 책은 사회과학에서 가장 많이 인용되는 저서이고 많은 학설을 낳았다. 이 책은 혁신이 어떻게, 왜 그리고 얼마나 빠르게 사회 속으로 완전하게 채택되는가에 관한 모델을 만들었다. 〈그림 7〉은 몇몇 일상적인 가전제품 관련 기술의 수용율을 나타낸 S 곡선이다. 혁신은 어떤 기술(예를 들면 스마트폰) 또는 어떤 생각(예를 들면 공중위생을 향상시키기 위한 손 씻기)일 수도 있다. 로저스 및 그를 추종하는 많은 학자들은 어떤 혁신을 수용 또는 배

척하는 것에 영향을 미치는 몇 가지 요인을 설명했다. 그중 중요한 것은 단순성이다. 수용되기 위해서 혁신은 사용하기에 단순하다고 인식되어야 한다. 뒤집어 이야기하면 혁신이 유용하다고 생각하는 잠재 사용자가 그것이 너무 복잡하다고 인식하면 절대로 실제 사용자가 되지 않는다는 것이다.

복잡성은 혁신 수용의 비용을 키운다. 물론 비용이란 경제적인 비용을 뜻할 수도 있는데 신기술은 종종 꽤 비싼 편이다. 그러나 다른 식의 비용, 소요 시간, 또는 위험 부담 같은 것을 뜻하기도 한다. 만일 새롭고 복잡한 기술을 채택하면 사용하는 방법을 배우는 데 시간이 걸리고 내가 그 학습 곡선을 위해 소비하는 시간은 내게 비용이 된다. 자동차 운전을 배운다고 생각해 보자. 운전을 잘하기 위해 들이는 시간의 양(그리고 운전 강사에게 주는 스트레스의 양)으로 보면 아주 비싼 것이다. 더욱이 신기술은 종종 안정적이지 않아서 새롭고 향상된 기술이 소개될 때면 신기술의 얼리 어답터들은 초기 버전에 시간과 돈을 다 썼을 것이다. 디지털 영상물 매체를 살펴보면 얼리 어답터들은 비디오 디스크를 사용했으나 나중에 DVD로 완전히 대체되었고, 또 블루레이 디스크로 대체되고 그리고 이것들 모두는 현재 주문형 스트리밍 서비스로 대체되고 있다.

〈그림 7〉

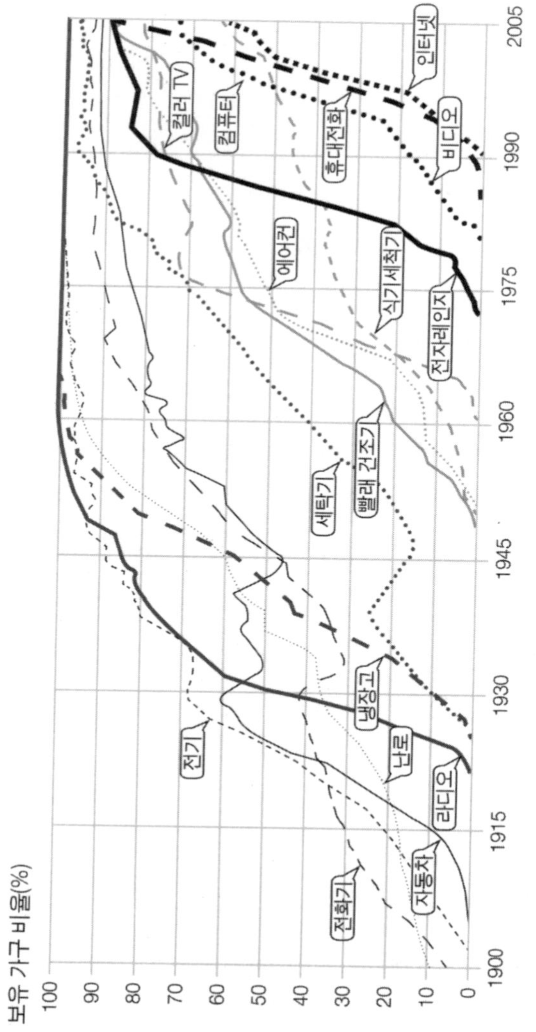

보유 가구 비율(%)

15가지 성분

더블린 코어는 단순하며 저비용이고, 쉽게 배우고 쓸 수 있도록 고안되었다. 그렇게 함으로써 널리 보급되고 웹상에서도 유비쿼터스Ubiquitous해지려는 의도였다. 웹이 얼마나 새로운 것이었는지, 얼마나 빠르게 진화하고 있었는지를 감안하면 이것은 더블린 코어의 일이 막 시작되었을 때에는 아주 야심적인 목표였다. 그래도 정말 대단한 일은 그것이 제대로 이루어졌다는 것이다.

1995년 OCLC/NCSA 간담회의 참가자들은 인터넷 상의 모든 자원에 적용될 서술식 메타데이터 성분의 핵심 세트를 개발하기 시작했다. 단순화라는 똑같이 야심적인 목표와 함께 이 목표에는 꼭 해야 하는 질문이 있다. 어떤 서술식 메타데이터 성분이 반드시 필요한가? 무엇이 웹상에 존재하는 또는 존재할 수 있는 글자 그대로 모든 자원을 설명하는 데 필요한, 빠져서는 안 되는 메타데이터 성분인가?

더블린 메타데이터 성분 조합이 안정되기까지 몇 년이 걸렸다. 결국 15가지 성분이 핵심으로 등장했다.

더블린 코어는 온라인 자원들을 서술하기 위해 개발되었다는 것을 주목해야 하지만 형식(포맷)은 "물리적 매체 또는 자원의 치수"를 가리킨다. 분명히 물리적 매체나 치수는 디지털

〈표 3〉

성분	정의
기여자	자원에 기여한 책임이 있는 실체
범위	자원의 시간, 공간 관련 이야기, 자원의 공간적 적용, 또는 자원이 관련이 있는 관할 지역
작가	자원을 만드는 데 가장 책임이 있는 실체
날짜	자원의 생애 중 이벤트와 관련이 있는 시점 또는 시간
서술	자원에 대한 설명
형식(포맷)	파일 형식, 물리적 매체, 또는 자원의 치수
식별자	주어진 문맥 속 자원에 대한 애매하지 않은 참조
언어	자원의 언어
출판사	자원을 가용성 있게 하는 데 책임이 있는 실체
관계	관련된 자원
권한	자원이 가진 그리고 자원에 대한 권리 정보
원천	서술된 자원이 도출된 관련 자원
주제	자원의 이야깃거리
제목	자원에 주어진 이름
유형	자원의 성격 또는 장르

자원에 적용되는 것이 아니다. 그러나 이것은 웹상에 존재하는 모든 것을 서술하는 것에서부터 세상에 존재하는 모든 것을 설명하는 데까지 가는 작은 한 걸음이다. 더블린 코어 메타데이터 성분이 진화하면서 포맷 성분 범위가 물리적 서술까지 포함하는 것으로 확장되는 데는 얼마 걸리지 않았다. 더블린 코어 메타데이터는 네트워크 자원을 서술하기 위해 만들어졌

지만 최소 공통분모라는 장점 때문에 물질 자원도 충분히 서술할 수 있다.

성분과 값

더블린 코어 메타데이터 성분이 모든 유형의 자원을 서술하는 데 쓰일 수 있는 것을 알았으므로 성분의 개념에 대해 다시 살펴볼 필요가 있다. 더블린 코어가 메타데이터 성분 조합이라는 것은 무슨 뜻인가?

메타데이터의 실무적 정의로 돌아가 보자.

메타데이터는 잠재적 정보물에 대한 설명문이다.

자원은 말 그대로 아무것이라도 된다. 물리적으로 또는 전기적으로 뽑힌 어느 것이라도(그림, 또는 그 그림의 디지털 파일) 자원이다.

15가지 더블린 코어 성분 각각은 자원의 특성, 속성을 정하고 그 속성에 대해 서술한다. 다른 말로 하면 각 성분은 자원에 대해 할 수 있는 설명에 대한 구분이다. 이 자원의 작가는 X이고 제목은 Y이다 등. 친숙한 예술 작품을 예로 들어보자.

〈그림 8〉

이 예술 작품에 대한 첫 번째 서술적 설명문은 다음과 같다.
이 자원의 제목은 모나리자. 그러나 이탈리아어로는 모나리
자라고 하지 않고 라조콘다라고 한다. 어느 제목이 사용되어
야 할까? 정답은 둘 다이다. 더블린 코어의 제목 성분은 "자원
에 주어진 한 이름"이라고 써 있을 뿐, "그 이름"이라고 쓰여
있지는 않다. 한 성분을 여러 값으로 반복해 쓰는 자유―어느
자원에 대해 하나 이상의 같은 종류 설명문을 쓰면서도 다른 것을
말하는―는 밑에서 더 살펴볼 것이다.

이 그림은 그림의 주제인 프란체스코 델 조콘도Francesco del
Giocondo의 부인, 리자 게라르디니Lisa Gherardini의 이름을 따서 라
조콘다La Gioconda라고 부른다. 이 그림에 대한 또 다른 설명은
다음과 같다. 이 자원의 주제는 리자 게라르디니이다.

이 작품에 대한 다른 설명문은 다음과 같다. 이 자원의 화가
는 레오나르도 다빈치이다. 물론 더블린 코어에는 화가라는
성분이 없다. 그러나 레오나르도 다빈치는 분명히 "모나리자
를 만든 가장 중요한 책임을 가진 실체"이다. 더블린 코어는
서술되어야 하는 물건의 포맷과 관계없이 모든 네트워크 자원
에 대한 서술이 가능하도록 고안되었다. 그림을 그리는 사람
은 화가라고 하고 책을 창작하는 사람은 저자이고 영화를 만
드는 사람은 제작자라고 부르고 춤을 창작하는 사람은 안무가
라고 부른다. 여러 다른 형식의 창작에 종사하는 사람들에게

많은 이름이 존재하는데 이 이름들은 인간의 자연어 속에서는 의미가 있다. 그러나 이 의미는 최소 공통분모 서술과는 무관하다. 더블린 코어는 이들 여러 형식의 창작을 하나의 구분인 작가로 만들어버렸다. 여러 영역에 걸쳐서 의미가 같다는 것, 즉 의미의 미묘함이 없어져서 성분이 모호함이 거의 제거된다는 것은 더블린 코어의 가장 큰 강점이자 한계점이다.

마지막으로 레오나르도 다빈치는 1503년과 1506년 사이에 모나리자를 그렸다고 알려졌다. 그러므로 이 자원에 대해 다섯 가지 설명문이 만들어지는데 더블린 코어 기록을 만드는 다섯 개의 성분-값 쌍은 다음과 같다.

제목: 모나리자

제목: 라 조콘다

작가: 레오나르도 다빈치

주제: 리자 게라르디니

날짜: 1503-1506

더블린 코어는 많은 메타데이터 스키마와 마찬가지로 값을 고르고 생성하는 규칙을 가지고 있다. 날짜 성분을 위한 추천 방법은 일례로, ISO 8601 같은 인코딩 스키마를 이용하는 것이다. 주제 성분에 대한 추천 방식은 통제 어휘에서 값을 고르는 것이고, 형식(포맷) 성분을 위해 추천되는 최선의 방식은 인터넷 MIME 유형의 통제 어휘에서 값을 고르는 것이다. 식별자 성분에 대한 추천 방식은 공식의 고유 식별자 제도에 맞는 값을 사용하는 것이며, 관계와 원천 성분에는 고유의 식별자를 사용하여 관련된 자원을 찾아내는 것이다. 작가 성분을 위해서는 추천 방식이 없지만 실제로는 이름 전거 파일이 사용된다.

서술식 기록

더블린 코어 기록은 자원에 대해 서술한다. 서술식 메타데이터에는 몇 가지 목적이 있다. 그러나 가장 중요한 것은 1장에서 논의한 자원 검색이다.

자원 검색 도구는 사용자가 자원을 (확실히) 찾을 수 있도록 하는 기술이다. 그 예는 웹 검색엔진 또는 도서관 카드 목록이다. 그리고 그 검색을 가능하게 하는 것은 메타데이터 안의 성분-값의 쌍이다. 성분-값의 쌍은 '접근점access point'이라고 부르는 것인데, 원한다면 기록된 자원을 찾을 수 있도록 하는 검색 도구 안의 진입로이다. 예를 들어 '모나리자'라는 예술 작품을 찾고 싶다면, 제목 성분에 모나리자라는 값을 가진 메타데이터가 있어야 한다. 레오나르도 다빈치의 작품을 찾고 싶다면 어떤 메타데이터가 작가 성분에 그 이름을 값으로 가지고 있어야 한다.

이것이 메타데이터의 가장 중요한 특색인데 유용한 성분-값의 쌍을 가지고 있어야 한다. 물론 '유용성'은 대단히 주관적이어서 한 사용자는 레오나르도 다빈치의 작품을 찾고 싶어 하고 다른 사용자는 이탈리아 르네상스 초상화를 찾으려 한다면 이들에게 유용한 성분-값의 쌍은 아주 다를 것이다. 메타데이터 기록을 만들 때 모든 용례를 감안하는 것이 중요하므로 모든 가능한 관련 성분-값의 쌍을 가지고 있어야 한다. 물론 모나리자와 같은 자원에 대해서는 여러 가지 값으로 한 성분을 반복하는 것일 텐데 제목: 모나리자, 제목: 라조콘다, 제목: 라조콘데 등이다. 그래서 더블린 코어 기록에서 모든 성분은 여러 가지 값으로 반복될 수 있다. 즉 하나의 자원에 대해 하나 이상의 비슷한 그러나 다른 것을 이야기하는 설명을 할 수 있다.

이 동전의 뒷면은 더블린 코어 메타데이터 기록의 또 다른 중요한 특성인데 모든 성분은 선택적이라는 것이다. 어느 성분이 어느 자원과 관련이 없으면 그 자원에 대한 기록에는 들어가지 않는다. 예를 들어 레오나르도 다빈치가 이탈리아어를 쓰지만 그것이 모나리자를 설명하는 데 관련이 없으므로 언어 성분은 모나리자를 서술하기 위해 만들어진 더블린 코어 메타데이터 기록에는 빠져 있다.

예술 작품 또는 디지털 파일 같은 인공물은 일반적으로 작가 그리고 제목 그리고 형식(포맷)과 날짜를 가지게 된다. 인공물의 특성은 작가에 의해(제목처럼) 일부러 주어졌거나 창작과정에서(포맷처럼) 내재되고 이 모든 특성들은 메타데이터 기록에 적힌다. 다른 한편으로 자연 대상물은 어떤가? 나뭇잎, 바위, 곤충, 사람이 만들지 않은 모든 것의 경우에는 더블린 코어의 많은 성분들은 별 소용이 없는 것 같다. 나뭇잎은 언어가 없다. 바위는 만들어진 날짜 또는 인공물의 창작 날짜만큼의 정확성을 가진 날짜가 없다. 곤충은 작가가 없다. 또는 신학에 따른다면 존재하는 모든 것은 동일한 창조자가 있으나 자원 검색의 입장에서는 유용하지 않다. 더블린 코어가 최소 공통분모가 되어 무엇이든지 모두 서술하려면 모든 성분이 반복될 수 있을 뿐 아니라 관련 없는 성분은 기록에서 뺄 수 있어야 한다.

자격을 갖춘 더블린 코어

위에서 이야기했듯이 더블린 코어는 최소한의 공통분모 메타데이터 성분 조합으로 개발되었다. 그러나 최소 공통분모의 문제는 어떤 때는 너무 적다는 것이다. 어떤 경우에는 15성분 이상이 필요하기도 하다. 그래서 더블린 코어 성분 조합을 확장하는 세 가지 방법이 있다.

소위 더블린 코어의 핵심은 위에서 논의한 15가지 성분이다. 그러나 더블린 코어 메타데이터 성분은 더 많은 용어를 가지고 있다. 이것들은 핵심 15가지를 포함하고 있으며 또 수정(수정된 날짜), 포함되는 것(서술된 자원에 들어 있는 관련 자원), 포함하는 것(서술된 자원이 일부가 되는 관련 자원), 청중(자원이 의도하고 있는 인간 또는 또 다른 실체 구분) 그리고 기타 용어도 가지고 있다. 더블린 코어의 모든 용어를 열거할 필요는 없다. 요점은 모든 자원을 서술하기 위한 메타데이터 성분의 핵심 조합을 만드는 과정 중에도 더블린 코어를 만드는 데 참여한 사람들은 최소한의 조합이 어떤 용도에는 불충분하다는 것을 알고 있었다. 더블린 코어 조합의 첫 번째 확장은 15가지 성분 위에 이 40가지 용어이다.

더블린 코어를 확장하는 두 번째 메커니즘은 세부 요건을 이용하는 것이다. 세부 요건은 각 성분에 특정되어 있고 성분에 대한 좁은 해석, 즉 세부 사항이다. 예를 들면 국정 메모 interoffice memo를 생각해 보자. 2014년 12월 1일에 초고가 작성되고 3일 그리고 5일, 두 번 수정되었다. 이 메모는 2015년

1/4분기에 관한 것으로 그 전까지 공개가 금지되고 그 이후에는 금지가 해제된다. 이 모든 것, 메모의 초고 작성, 두 번의 수정, 공개 금지와 무효가 되는 날은 모두 날짜이고 그러므로 더블린 코어의 날짜 성분을 이용해 서술할 수 있다. 그러나 더블린 코어의 날짜 성분은 특정되어 있지 않다. "자원의 생애 주기 동안의 어느 이벤트와 관련된 시점 또는 기간". 이 같은 더 특정한 날짜 형식에 맞추기 위해서는 더 많은 세부 사항이 필요하다. 이러한 세부 사항을 날짜 성분에 부속시켜 만들 수 있다.

> 만들어진 날짜= 2014년 12월 1일
>
> 수정된 날짜= 2014년 12월 3일
>
> 수정된 날짜= 2014년 12월 5일
>
> 유효한 날짜= 2015년 1월 1일~2015년 3월 31일

사실 이들 모든 세부 요건은 더블린 코어의 용어로 존재한다. 만들어진, 수정된, 그리고 유효한. 이들 날짜 성분에 대한 특정된 세부 사항은 아주 유용해서 더블린 코어가 개발된 이후 첫 번째로 만들어진 조건들이고 그래서 시간을 두고 더블린 코어 용어 조합에 포함되었다. 이것이 더블린 코어 용어 개발의 역사이다. 기존 성분에 세부 요건들 그리고 특정 용도에

맞춰 개발된 새로운 성분은 인기도 있고 유용하기도 해서 용어집에 포함되었다. 이들 용례는 버전 통제(대체되었음 무엇으로 대체함), 교육(청중, 교육 수준, 교수법), 그리고 지적재산권(사용 허가, 저작권자, 접근권)을 포함하고 있다. 그래서 더블린 코어 용어 조합은 항상 진화하고 있다.

이런 것들을 가능하게 한 것은 모든 더블린 코어의 용어, 성분 그리고 세부 요건들이 더블린 코어 추출 모델에 따라 만들어졌기 때문이다. 추출 모델은 주제-서술-대상 설명을 위한 자료 모델인데 주제와 서술 그리고 대상 속의 개념과 이것들이 어떻게 그래프로 묶일 수 있는지를 정한다. 이런 논리적 모델은 RDF자원 기술 프레임워크에 기반을 두고 있는데 제6장에서 논의할 것이다.

현명하게 이름 지어진 다윈 코어는 더블린 코어 용어집에 포함되지 못한 사용 예를 제공한다. 다윈 코어는 서술식으로 생물 다양성 정보를 제공하는 메타데이터 스키마이다. 다윈 코어는 대륙, 국가, 섬, 수역을 가지고 있으며 더블린 코어의 위치 성분 위에 만들어지고 영역 특화된 계, 문 등의 성분도 가지고 있다. 다윈 코어 성분들은 더블린 코어 추출 모델에 따라 만들어졌으므로 더블린 코어로 들어갈 수 있다. 하지만 계속 남아 있을지 여부는 이 성분들이 포함되는 것을 정당화시킬 수 있을 만큼 충분히 넓게 적용되는가에 달려 있다.

마지막으로 더블린 코어를 확장시킬 수 있는 세 번째 방법은 앞 장에서 논의했듯이 성분 값의 뜻을 분명히 하기 위해 인코딩 스키마를 사용하는 것이다. 메모 날짜 메타데이터를 ISO 8601로 입력한다면 다음과 쓰일 것이다.

생성= 2014-12-01

수정= 2014-12-03

수정= 2014-12-05

유효= 2015-01-01/2015-03-31

인코딩 스키마 사용은 더블린 코어 용어집에도 잘 섞여 들어갔다. 위에서 논의했듯이 많은 더블린 코어의 성분들(많은 용어들)에 추천할 만한 최선의 방식은 특정 통제 어휘 또는 문법 인코딩 스키마를 써서 값을 정하거나 만들어내는 것이다.

웹 페이지

아마도 가장 일반적인 온라인 대상물은 웹 페이지일 것이다. 여기에는 종종 이미지, 영상 또는 다른 매체가 심어져 embedded 있지만 주로 문장text으로 되어 있고 HTML로 입력되어 있다. 다른 것들과 마찬가지로 웹상의 문서는 그 안에 메타데이터를 가지고 있거나 웹 문서의 메타데이터가 다른 곳에 있다.

HTML은 1995년 버전 2 스펙이 발표된 후부터 메타데이터가 문서 안에 심어지게 하는 기능을 가지고 있다. 〈meta〉 성분은 〈head〉 성분의 하위 항목으로 달리 말하면, 웹 페이지의 〈head〉 부분 안에 담겨 있다. 〈head〉 부분은 다양한 웹 페이지에 대한 메타데이터를 담고 있는데 문서 제목 그리고 스타일시트 정보를 포함한다. 〈meta〉 성분에는 〈head〉의 다른 하위 항목에는 적히지 않은 웹 페이지의 메타데이터를 담고 있다. 다른 말로 하면 〈meta〉는 잡다한 항목을 위한 바구니이다.

〈meta〉라는 태그는 몇 개의 속성을 가지고 있지만 여기서는 두 개만 관련이 있다. 메타데이터의 성분에 상응하는 이름 name, 그리고 성분에 주어진 값에 해당하는 내용물content. HTML 5에는 이름을 위한 다섯 개의 표준값이 있는데, 저자(글자 그대로), 서술(역시 글자 그대로), 제너레이터(웹을 만든 응용 프로그램), 응용 프로그램-명칭(해당 웹 페이지가 일부분이 되는 웹 서비스의 이름) 그리고 키워드(태그 또는 비통제 어휘). 그래서 이 장에 대한 웹 페이지가 만들어진다면 메타데이터는 다음과 같을 것이다.

〈 meta name="저자" content="제프리 포머란츠" 〉

〈 meta name="서술" content="MIT출판사에서 출간한
메타데이터의 제3장"

〈 meta name="키워드" content="메타데이터, 더블린 코어,
다원 코어, 고유 식별자, 메타 태그, ISO 8601, 필수 지식
시리즈" 〉

저자, 서술, 제너레이터, 응용 프로그램-명칭, 그리고 핵심
단어는 HTML 5 스펙 문서에서 공식적으로 인정한 명칭에 대
한 값들이다. 그러나 명칭 속성에 어느 값이든지 주어질 수 있
으므로 자기만의 것을 짓는 것도 가능하다.

물론, 우리는 독자적인 값을 만드는 경우의 문제점을 잘 안
다. 예를 들어 굿리즈의 사용자가 『은하수를 여행하는 히치하
이커를 위한 안내서』를 "xxe"로 태그한다면 너무 색다른 것이
어서 남들은 무슨 말인지 모르게 된다. 다행스럽게도 이해되
지 않는 것과 단지 다섯 개의 선택으로 제한하는 것의 중간 지
대가 있고 그 중간 지대는 이미 존재하는 메타데이터 스키마
를 가져오는 것이다. 예를 들어서 더블린 코어는 〈meta〉 성
분에서 자주 쓰이므로 더블린 코어 성분은 명칭 속성의 값이
되고 성분에 주어진 값은 내용물에 대한 값이 된다. 같은 예를

계속 사용하면 이 장의 웹 페이지에 대한 메타데이터는 다음과 같다.

〈 meta name="dc.제작자" content="제프리 포머란츠" 〉

〈 meta name="dc.서술" content="메타데이터 책의 제3장" 〉

〈 meta name="dc.출판사" content="MIT Press" 〉

〈 meta name="dc.언어" content="영어" scheme="ISO 639" 〉

〈 meta name="dc.식별자" content="978-0-262-52851-1" scheme="ISBN" 〉

〈 meta name="dcterms.저작권날짜" content="2015" scheme="ISO 8601" 〉

〈 meta name="dcterms.전기인용" content="포머란츠, J. (2015). 메타데이터. 캐임브리지, MA: The MIT Press" 〉

간단히 정리하면 어떤 스키마의 성분들, 그리고 어느 인코딩 스키마의 값들이라도 HTML 문서로 바로 쓸 수 있다. 이것은 분명히 더블린 코어를 실현시킨 1995년 간담회의 목적인 온라인 자원에 대한 서술식 메타데이터 기술 향상을 달성한 것으로 보인다. 이제 승리를 선언하고 전진해도 될까?

검색엔진 최적화

아니다.

명칭과 내용물의 값은 개별 웹 페이지마다 다르게 만들어질 수 있기 때문에 HTML의 〈meta〉 태그는 불행하지만 악용되기 쉽고 악용되어 왔다. '유인 키워드 반복'은 상당히 일반적인 '블랙햇'(비도덕적인) 검색엔진 최적화 전략이었다. 검색엔진 최적화는 전략들의 조합인데 웹 검색엔진 기술이 진화하면서 같이 진화하고 검색엔진의 결과물에서 어느 웹 사이트가 더 돋보이도록 하는 것이다. 일반적으로는 어느 사이트가 결과 목록에 더 많이 오를수록, 더 맨 위에 가까울수록 검색엔진 사용자가 그 사이트를 방문할 가능성이 많아진다. 물론 많은 합법적인 검색엔진 최적화 전략이 있지만 유인 키워드 반복은 그중 하나가 아니다. 유인 키워드 반복은 웹 페이지의 메타 태그 안에 많은 관련 없는 용어들을 넣어서 그 웹 페이지가 가능한 한 많이 검색엔진으로 검색되도록 하는 것이다. 유인 키워드 반복이 보편화되면서 구글을 비롯한 대부분의 검색엔진들은 2000년대 중반부터 웹 페이지의 메타 태그를 무시하기 시작했다.

최근 구글 그리고 아마도 대부분의 검색엔진들이 다시 메타 태그를 사용하기 시작했지만 제한적으로 한다. 구글은 여전히 메타 태그의 키워드와 연관된 모든 내용물을 무시하고 있다(〈meta name="키워드" content="···"〉). 그러나 구글은 서술과 관련이 있는 내용물은 사용하는데, 어떤 검색 결과 리스트를 보여줄 때 구글은 메타 태그의 서술을 웹 페이지를 설명하는 작은 정보로 사용한다.

결론

더블린 코어를 예로 이용하면 서술식 메타데이터의 많은 원칙들을 설명하기 쉽다. 서술식 메타데이터가 유비쿼터스한 반면에 더블린 코어 자체는 폭넓게 사용되는 것이 아니다. 그러나 더블린 코어는 웹을 위한 메타데이터 코어로 개발되었다. 그렇다면 뭔가 잘못된 것인가? 더블린 코어가 실패작인가?

맞기도 하고 틀리기도 하다. 웹 페이지를 만들어본 사람들에게는 분명하듯이 사실 웹에 대한 메타데이터 코어는 없다. 앞에서 논의했듯이 1995년 더블린에서의 OLOC워크숍에서의 생각은 웹 검색 도구가 성공적이려면 서술식 메타데이터가 필요하다는 것이었다. 그러나 전문 검색 기술의 향상 그리고 문장만 아니라 웹의 네트워크 구조 그리고 다른 기능까지 이용하는 구글 같은 발전은 결과적으로 그렇지 않다는 것을 보여주었다.

그럼에도 불구하고 더블린 코어는 웹 메타데이터를 개발하기 위한 가장 초기이며 대규모 집중 노력으로서 훗날 메타데이터 발전에 초석을 놓았다. 앞에서 잠깐 언급한 바 있는 RDF는 더블린 코어 추출 모델의 개발보다 앞서 있었으나 더블린 코어는 RDF 자료 모델을 실행하기 위한 첫 번째 움직임이었을 뿐 아니라 메타데이터 개발이 엄격하고 공식화된 과정이어야 한다는 생각을 퍼뜨렸다. 메타데이터가 정보 자원을 관리하는 대규모 협동 작업의 성공에 긴요하다는 것이 점차 이해되면서 미국과 유럽의 디지털공공 도서관 그리고 디비피디아 dbpedia 같은 조직이 고유의 메타데이터 스키마를 개발하고 있지만 이들 스키마 역시 더블린 코어 성분과 용어에 의존하고 있다. 더블린 코어를 예로 삼는 것이 메타데이터의 여러 원칙을 설명하기 쉽게 하는데, 더블린 코어를 개발한 그룹이 이 원칙들을 만들었다는 것이 바로 그 이유이다.

이 책의 나머지에서는 이 원칙들 위에 세워진 메타데이터 스키마를 알아보려 한다. 공개적으로 더블린 코어 위는 아니더라도 특히, 서술식 메타데이터는 7장에서 시맨틱 웹 그리고 그것을 위한 메타데이터에 대한 논의와 함께 다시 다루게 된다.

관리 메타데이터

표준의 좋은 점은 고를 수 있는 것들이 아주 많다는 것이다.

_ 그레이스 호퍼 제독 Admiral Grace Hoppe

그림은 천 마디 말만큼 가치가 있지만 천 마디 말은 메타데이터 기록만 못하다. 천 마디 말은 이 책의 약 7쪽 정도와 비슷한데 많은 자료라고 볼 수는 없지만 매우 풍부한 메타데이터 기록을 만들 수 있다. 사실 대단한 것은 이런 크기의 메타데이터 기록조차 거의 없다는 것이다. 메타데이터 기록의 기능 중 하나는 대상물의 대용물이라는 것인데 대용물이 효과적이기 위해서 일반적으로는 진짜 대상물보다 단순해야만 한다.

대용물은 여러 가지 목적으로 쓰인다. 자원에 대한 대용물로서 메타데이터가 쓰이는 단순 명확한 이유는 검색에서 대리인이 된다는 것이다. 앞 장에서는 서술식 메타데이터를 보았는데 자원의 특성 또는 속성들에 대한 서술식 정보를 제공하는 것이다. 서술식 메타데이터의 주 용도는 자원 검색이다. 자원 특성 및 속성 정보가 유용한 것의 유일한 목적이 검색만은 아니다. 서술식 정보는 또한 자원의 유지 관리를 알리는 데 유용할 수 있다. 자원의 원천에 대한 메타데이터, 역사, 현황, 그리고 미래 계획은 자원의 '보호 및 육성'에 대해 알려준다.

이 장에서는 관리 메타데이터를 보게 된다. 자원의 전 생애 주기에 대한 정보를 제공하고 자원의 관리에 사용되는 정보를 제공하는 메타데이터 스키마이다. 세상에는 아주 많은 관리 메타데이터 스키마가 있다는 것을 얘기할 필요는 없으므로 자연스럽게 아주 작은 부분만을 다룬다. 이 장에서는 몇 가지 일반적 대상물에 대한 스키마만을 다루기로 한다. 이 장의 목적은 모든 필요에 부응하는 관리 메타데이터 스키마에 대한 완벽한 정보를 제공하는 것이 아니고 관리 메타데이터가 해결책이 되는 사용 케이스들의 폭을 보여주는 것이다.

관리 메타데이터는 아주 커다란 우산이다. 이것은 너무 커서 어떤 메타데이터 경우는 완전히 독립적인 구분처럼 보이기도 하는데, 관리 메타데이터의 하위 범주로 간주되는 기술 그리고 보존 메타데이터가 그 경우이다. 이런 종류의 메타데이터의 기능과 용도는 중복이 많아서 이것들은 여기서 관리 메타데이터의 하위 범주로 취급된다. 보존 메타데이터는 자원이 오랜 시간 확실히 견디는 데 요구되는 절차를 지원하는 정보를 제공하는데, 이런 유형의 보호와 육성은 분명히 관리의 한 형태이다. 권리 메타데이터는 어느 자원에 누가 접근할 수 있고 어떤 조건에서 그리고 무엇을 할 수 있는지를 통제하는 데 쓰이는 정보를 제공하는데, 분명히 그런 접근 통제는 관리의 한 형태이다.

기술 메타데이터technical metadata를 이야기 하면 이것은 아마도 이해하기에 가장 간단한 것으로 관리 메타데이터의 냄새만 풍기는 것이다. 기술 메타데이터는 어느 시스템이 어떻게 작동하는지 자원에 대한 시스템 수준 세부사항에 대한 정보를 제공한다.

기술 메타데이터: 디지털 사진술

디지털 사진술은 기술 메타데이터가 역할을 하는 가장 흔한 것인데 자료는 완전히 자동으로 만들어진다. 대부분의 최신 디지털 카메라와 스마트폰은 풍부한 메타데이터 기록을 사진 이미지 파일에 담는다. 그 메타데이터는 이미지가 다운로드 될 때 파일과 함께 카메라에서 컴퓨터에 옮겨지거나 플리커 또는 인스타그램Instagram 같은 사진 공유 사이트에 업로드 된다.

대부분의 최신 디지털 카메라의 메타데이터 스키마는 Exif (교환 이미지 파일 형식)이다. Exif 기록은 꽤 많은 성분과 값을 담고 있다. 그중 세 가지 중요한 유형이 있다. 제조업체가 설정한 그리고 기기 수명동안 유지되는 값은 제조업체와 모델이다. 사용자가 설정할 수 있는 값은 X, Y 해상도와 노출이다. 사진마다 바뀌는 값은 날짜와 시간, 대상 종류, 플래시 사용 여부 그리고 위치 정보이다. 〈그림 9〉는 플리커에 업로드 된 사진과 연관된 Exif 자료이다.

이 모든 메타데이터는 디지털 사진 창작 시점에 만들어지고 이미지 파일에 저장되며 카메라를 갖고 있는 사람은 아무 일 도 할 필요가 없다. 디지털 카메라를 사고 나면 사진 찍는 사 람은 아마도 시계를 맞추고 여러 환경에 따라 노출과 해상도 를 바꿀 것이다. 그러나 디지털 대상물의 창작 시점에는 자동

〈그림 9〉

Canon EOS
Digital Rebel XTi

f/20.0   10.0 mm

30   ISO 100

Flash (off,   (i) Hide EXIF
did not fire)

JFIFVersion - 1.01

X-Resolution - 72 dpi

Y-Resolution - 72 dpi

Viewing Cond Illuminant - 19.6445
20.3718 16.8089

Viewing Cond Surround - 3.92889
4.07439 3.36179

Viewing Conditions Illuminant Type -
D50

Measurement Observer - CIE 1931

Measurement Backing - 0 0 0

Measurement Geometry - Unknown
(0)

Measurement Flare - 0.999%

Measurement Illuminant - D65

Make - Canon

Orientation - Horizontal (normal)

Date and Time (Modified) -
2012:06:04 15:53:38

ISO Speed - 100

Exif Version - 0221

Date and Time (Original) -
2012:06:04 15:53:38

Date and Time (Digitized) -
2012:06:04 15:53:38

Components Configuration - -, -, -, Y

Exposure Bias - 0 EV

Metering Mode - Average

Flashpix Version - 0100

Color Space - sRGB

Focal Plane X-Resolution -
4433.295455

Focal Plane Y-Resolution -
4453.608696

Focal Plane Resolution Unit - inches

Custom Rendered - Normal

Exposure Mode - Manual

White Balance - Manual

Scene Capture Type - Standard

Camera ID - 68

Camera Type - Digital SLR

으로 안 보이게 만들어지므로 대부분의 보통 사진사들은 이런
메타데이터의 존재 자체를 알지 못할 수도 있다.

Exif 자료를 보고 편집할 수 있는 몇 개의 소프트웨어와 웹

사이트가 있다. 아이포토iPhoto, 어도비 포토샵Adobe Photoshop 같은 이미지 관리 및 처리 응용 프로그램, 그리고 플리커와 인스타그램 같은 사진 호스팅 서비스에서는 Exif 자료를 보여준다. 웹 위에서 이미지 메타데이터를 보여주는 웹 사이트 또는 웹 브라우저용 플러그인이 있다. 디지털 이미지에서 여러 방면으로 사용하기 위해 제3자가 메타데이터를 끄집어낼 수도 있다. 고양이가 어디에 살고 있나(iknowehereyourcatlive.com)라는 프로젝트는 Exif 안에 있는 위치 정보 자료를 이용하여 웹 기반 사진 호스팅에 있는 고양이들의 사진 위치를 세계 지도에 그린다. 포토신트(photosynth.net)라는 프로젝트는 한걸음 더 나아가 동일 장소 가까운 곳에서 찍은 여러 장의 사진을 붙여서 파노라마 장면을 만든다.

물론 Exif 자료는 하나의 기술적 메타데이터일 뿐이고 디지털 이미지 파일이라는 한 가지 유형의 자원에만 해당하는 것이다. 기술 메타데이터는 디지털 파일의 창작 그리고 수정되는 시점에 자동으로 만들어진다. 나는 지금 마이크로소프트 워드로 이 장을 쓰고 있는데 이 파일의 속성을 보면 이 파일을 만든 날짜와 시간(약 6개월 전), 이 파일이 마지막으로 수정된 날짜와 시간(약 1분 전), 총 편집 시간(내 생각보다 많은) 그리고 그 외의 많은 기술 메타데이터를 볼 수 있다.

이 자료가 워드 문서에 심겨져 있지 않아도 내 컴퓨터의 파일시스템에서 꺼낼 수 있다. 모든 컴퓨터 운영체제는 컴퓨터 안의 파일에 대한 기술 메타데이터, 즉 만든 날짜, 수정한 날짜, 파일 크기를 보여준다. 유닉스UNIX 운영 체제는 한걸음 더 나아가 파일에 대한 접근 권한 정보도 보여주는데, 이는 권리 메타데이터로서 다음에서 논의하기로 한다. 기술 메타데이터는 자원의 특성에 대한 정보를 파악하기 때문에 서술식 메타데이터와 상당한 중복이 있다. 파일의 크기와 유형은 그 전후 맥락에 따라 서술식 또는 기술 메타데이터로 판단한다. 기술 메타데이터로 파악된 자원의 특성은 그것을 확인하는 데 인간의 판단이 필요하지 않고 소프트웨어가 자동으로 기술 메타데이터로 파악되도록 한다는 것이다. 자연적으로 디지털 파일의 기계 처리 알고리즘이 향상되면서 자동적으로 파악되는 자원의 숫자와 형식들이 많아졌다.

구조 메타데이터: MPEG-21

디지털 사진술이 기술 메타데이터가 역할을 하는 가장 흔한 경우라면 디지털 영상은 구조 메타데이터가 역할을 하는 가장 흔한 경우일 것이다. MPEG-21은 ISO(국제 표준 협회)에서 만든 표준으로서 멀티미디어 파일에 적용하여 영상을 보여주는 응용 프로그램을 만들 수 있는 개방형 체제를 정해놓았다. MPEG-21 표준의 핵심은 디지털 아이템인데 영상, 이미지, 음향, 또는 다른 자원들, 그리고 이들 자원 간의 관계를 설명하는 자료를 내포하고 있는 구조화된 디지털 대상물이다.

디지털 아이템 표현 언어DIDL: Digital Item Declaration Language는 디지털 아이템을 묘사하는 용어와 개념들을 서술하고 있다. 이 중의 하나가 용기라는 것인데 디스크립터, 아이템 그리고 또 다른 용기 같은 자손 실체를 가지고 있다. 아이템이란 멀티미디어 재생 앱을 통해 사용자에게 보이는 디지털 아이템이고 이 아이템은 또 종속 아이템들(음악 앨범이 개별 노래를 담고 있듯이), 디스크립터 그리고 조건들을 갖고 있을 수 있다. 디스크립터란 용기 또는 아이템에 대한 서술식 메타데이터이다. 조건이란 파일을 재생하기 전에 멀티미디어 재생기가 해야만 하는 시험을 정의해 놓았다(예를 들면 어떤 파일 형식으로 재생할 것인가). DIDL은 많은 다른 성분도 가지고 있는데 이것들은 합쳐서 멀티미디어 대상의 내용물을 정의하고 어떤 소프트웨어 범위와 권한 환경 범위에서 어떻게 보일지를 결정한다.

구조 메타데이터는 자원의 조직 정보를 파악한다. 가장 간단한 구조 메타데이터는 책을 서술하면서 장의 순서, 각 장 안에 있는 절의 순서 정보를 보여주는 것이다. MPEG-21 기록은 멀티미디어 파일에 대한 비슷한 정보를 제공하는데, 어느 디지털 아이템을 어떤 순서로 실행해야 하는지, 어느 음향 트랙이 어느 영상 아이템과 같이 실행되어야 하는지 등이다.

출처 메타데이터

디지털 파일들은 쉽게 복사된다. 복사본을 만드는 데 거의 힘이 들지 않으며 저장 공간은 저렴하다. 복사는 아주 쉬워서 모든 기술들이 이것 없이는 움직일 수 없을 정도이다. 웹 위에 어느 자원을 볼 때마다 브라우저는 그 자원의 복사본을 만든다. 경제 용어로 디지털 자원의 한계 비용은 0에 가깝다. 이런 이유로 자원 출처에 관한 자료는 복사에 많은 시간과 비용이 드는 실제 세계보다 온라인에서 훨씬 더 중요하다.

W3CWorld Wide Web Consortium 출처 인큐베이터 그룹Provenance Incubator Group에 따르면 자원의 출처는 "자원 실체 및 그 자원을 만들고 전달 또는 영향을 미치는 데 필요한 과정을 서술하는 기록"이다. 다르게 이야기하면 출처는 자원의 이력만이 아니라 이력 동안 영향을 준 다른 실체 간의 관계도 말해준다.

2007년에 위키스캐너WikiScanner라는 도구가 출시되었는데 어느 특정 위키피디아 파일 편집에 책임 있는 개인 또는 조직을 식별하는 것이다. 위키스캐너는 어느 위키피디아 글의 이력을 파악하고 IP 주소와 Whois(어느 IP 주소가 누구에게 등록되어 있는가를 찾아내는 역방향 인터넷용 전화번호부)로 확인한 후 그 목록을 대조했다. 논란이 되는 여러 편집물들이 위키스캐너를 통해 폭로되었으나 별로 놀랍지 않았다. 몇 개 예를 들어 보면, 펩시에 대한 위키피디아 페이지는 펩시회사로 등록된 IP 주소로부터 편집되었고 엑손 발데스 기름 유출에 대한 위키피디아의 편집은 엑손 모빌로 등록된 IP 주소에서, 호주 경찰에 대한 위키피디아 페이지는 호주 총리 및 내각으로 등록된 IP 주소에서 편집되었다. 이 편집들은 완전히 합법적이고 ― 펩시에 대해 펩시 회사보다 누가 더 잘 알 수 있다는 말인가? ― 간혹 행하는 조사는 정당화되는 것이 당연하다.

안타깝게도 위키스캐너는 현재 중단되었다(위키워치도그라고 부르는 새 서비스가 같은 기능을 하고 있다). 그러나 위키스캐너가 활동하던 짧은 기간 동안 자원 출처에 대한 자료가 아주 중요하다는 것을 극명하게 보여주었다. 전자 자원은 복사도 편집도 쉽다. 위키 같은 것들은 다른 것보다도 더 쉽다. 위키스캐너는 온라인 자원의 역사를 아는 것이 필요하지만 충분하지는 않다는 것을 분명히 보여준다. 자원의 유효성과 신뢰성은 믿을 수 있겠지만 그 과정에 영향을 준 실체들에 대해서도 알 필요가 있다.

메타데이터가 자원에 대한 설명이라면 그 설명은 누가 해야 하는가라는 질문이 따라오게 마련이다. 메타데이터는 어떤 사람이 어떤 것에 대해 하는 주장이다. 헌데 그 주장이 과연 얼마나 신뢰성 있고 믿을 만하고 정확한 것인가? 인터넷은 넓은 공간이어서 자원을 만들었거나 그 이력에 영향을 준 실체의 모든 것을 아는 것은 불가능하다. 출처 메타데이터는 이들 실체들에 대한, 그리고 자원과 다른 실체와의 관계에 대한 자료를 제공하는 메커니즘이다. 간단히 말하면 출처 메타데이터는 어느 자원을 소셜 네트워크에 올리는 한 방법으로 사용자가 자원을 평가하는 데 필요로 할 수 있는 전후 사정을 제공한다. 인터넷이라는 아주 넓은 네트워크 공간에서 출처 메타데이터는 어느 자원의 신뢰성 여부에 대한 사용자의 판단을 가능하도록 하는 실체에 대한 직접적인 그리고 첫 번째 지식에 가까운 것이다.

몇 개의 출처 메타데이터가 현재 존재하는데, 여러 분야에서 또 여러 용도(더블린 코어가 일반용으로 사용되는 것, 예술품에 쓰이는 게티 시소러스, 디지털 이미지에 쓰이는 Exif 등)를 위해 실행되었던 표준화는 앞으로 출처 메타데이터에서도 행해져야 한다. 이들 출처 스키마들은 많은 특성들을 공유하고 있는데, 자원이나 영향을 미친 실체의 특성을 식별할 수 있는 성분 조합으로 엮여 있고 자원과 실체 간의 관계를 분류하고 있다. 출처 자료 모델을 개발하기 위한 W3C의 작업은 이것을 잘 보여주고 있다. 이 자료 모델의 세 가지 '핵심 구조'는 실체, 매개체, 그리고 활동으로 W3C 출처 인큐베이터 그룹의 정의와 일관성이 있다. 실체는 자원이고 매개체는 그 자원의 생애 동안 영향을 미친 실체이며 활동은 그 영향의 내용을 말한다. 실체는 다른 실체들로부터 도출되거나 또는 매개체에서 유래된 것일 수 있고 또는 실체는 활동 중에서 생성되거나 이용될 수 있다 등.

W3C는 출처 표준을 위한 예시 개발에 큰 힘을 쏟았다. 이 작업의 많은 부분이 자원 보존에 대한 메타데이터를 파악하는 더 넓은 스키마인 PREMIS 개발에 투입되었다.

보존 메타데이터: PREMIS

보존을 지원하기 위해 아주 완벽하게 개발된 메타데이터 스키마는 의회도서관에서 나온 또 다른 표준인 메타데이터 보존 실행 전략(PREMIS)이다. PREMIS는 디지털 대상물의 보존을 위한 핵심 메타데이터 성분으로 개발되었다. 여기에서 '코어'라는 단어는 더블린 코어와 같은 의미이다. PREMIS 성분은 디지털 대상물을 장기간 보존하는 방법에 대한 데이터를 수집하는 데 필요한 최소한의 것으로 만들어졌다.

〈그림 10〉

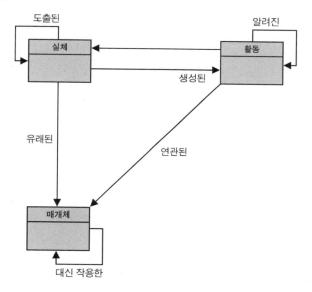

PREMIS 문서에 따르면 보존 메타데이터는 "저장소에서 디지털 보존 과정을 지원하는 데 사용하는 정보"이다. '저장소'라는 정의가 약간은 모호한데, 장기간에 걸쳐 관리되는 자원의 온라인 모음으로 이해할 수 있다. 저장소가 디지털 보존 과정을 지원하기 위해 쓰는 정보는 몇 가지로 구분되는데, 생명력, 복원력, 이해도, 정통성, 그리고 정체성이다. 다른 말로 하면 저장소는 디지털 대상물을 지속적으로 보존하고, 보여주고 사용할 수 있도록 해야 하며 원본 또는 정본이 복사본 또는 수

〈그림 11〉

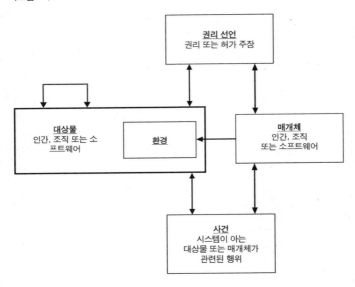

정본과 확실히 식별되도록 해야 한다.

 PREMIS 자료 모델은 보존 과정에 중요한 네 가지의 실체를
정했다. 대상물objects(모나리자에 대한 표현물 모음 같은 지적 실체
개요 또는 모나리자의 디지털 사진 같은 특정 자원을 말하는 디지털
자원), 매개체agents(대상물에 영향을 미치는 사람 또는 조직), 이벤
트events(매개체가 대상물에 행한 시간이 기록된 행위) 그리고 권리
선언rights statements(지적 재산권 같은 허가증)이다. 이 실체들의
각각은 '의미어semantic units'를 가지고 있는데 다른 메타데이터

스키마에서는 성분으로 부른다.

PREMIS는 이들 실체를 위해 많은 의미어를 정한다. 대상물을 위한 의미어는 크기, 형식, 그리고 창작 응용 프로그램 같은 익숙한 것뿐 아니라 유의미한 특성(보존될 만큼 중요한 자원의 특성) 그리고 보존 수준(대상물에 적용되는 보존 기능) 같은 덜 익숙한 것도 있다. 다른 의미어 역시 익숙한 것인데 명칭, 유형, 그리고 매개체에 대한 식별자와 날짜, 서술, 그리고 사건식별자 등이 있다. PREMIS는 의미어에 값을 만들거나 선택하는 방법을 제시하는데, 더블린 코어의 '추천 관행'보다는 덜 원칙적이다.

더블린 코어는 날짜 성분에 ISO 8601 같은 인코딩 스키마의 활용을 권장하는 데 반해 PREMIS는 의미어인 dateCreatedByApplication의 값으로는 "구조화된 형식을 사용해야 한다"라고만 제안하고 있다. 다른 부분에서는 PREMIS가 모든 메타데이터 성분보다 훨씬 더 정확해서 디지털 보존 과정을 지원하기 위한 더 많은 세부 사항을 제공한다.

예를 들어 더블린 코어 형식 성분을 위해 권장되는 관행은 인터넷 MIME 형식의 통제 어휘 중에서 값을 선택하는 것이라는 것이다. 하지만 PREMIS는 이처럼 동일한 추천을 하면서 형식 명칭, 형식 버전, 그리고 형식 등기(모든 형식 사양을 위한 링크 또는 고유 식별자)를 포함한 사실상 9개 형식 관련 의미어를 갖는 추가적인 구체성이 있다.

권리 메타데이터

저작권 이슈는 디지털 자원을 다루는 모든 활동에 크게 다가오기 때문에 권리 자료를 위한 몇 개의 메타데이터 스키마가 개발된 것은 피할 수 없는 일이었다. 그것의 처음은 물론 더블린 코어이다. 앞 장에서 논의한 "자원 관련 여러 가지 재산권에 대한 설명" 값인 더블린 코어 15성분 중 하나가 권리였다는 것을 기억해 보자. 권리 성분에 합당한 세 개의 더블린 코어 용어가 있는데, 라이선스(법적 문서), 권리 소유자(개인 또는 조직), 그리고 접근권(권리 소유자가 사용허가에 적혀 있는 조항에 근거하여 가지고 있는 자원에 접근하는 권한들)이다. 더블린 코어는 권리 자료를 위한 최소한의 용어만을 제공하는데, 모두 상당히 광범위한 것이어서 값을 선택하거나 구성하는 데 최선의 권장안을 제공하지 못한다. 권리 메타데이터를 규정하는 더 풍부한 스키마를 위한 문이 열려 있는 셈이다.

이들 중에 널리 쓰이고 있는 것은 CC REL(Creative Commons Rights Expression Language)이다. Creative Commons는 창조적인 작업을 공유하도록 하는 프로젝트인데 표준화된 법적 라이선스의 개발을 통해 창작자가 작품의 활용을 '저작권'이라는 제목 아래 몇 개의 다른 권리 묶음들을 선택적으로 골라 허용할 수 있게 한다. 이를 위해 Creative Commons는 저작권을 아주 정교하게 분석해야만 했다. 그 결과물로 Creative Commons는 실체들과 저작권에 따르는 관계를 자세하게 적시할 수 있다. CC REL의 규정은 재산권을 두 분류로 나눴는데, 작품에 대한 재산권, 그리고 작품의 라이선스로서 재산권이다. 작품 재산권에는 명의, 형식, 그리고 원천이 있으며 이는 더블린 코어에서 발췌된 것이다. 작품 재산권에는 최초의 속성 명칭 즉 "작품이 수정되거나 재활용되었을 경우 그 속성을 알려주기 위해 인용하는 명칭"과 그 속성을 알려주는 속성 URL이 있는데 틀림없는 고유 식별자이다. 라이선스는 허가, 금지, 요구 조건, 관할권(허가권이 적용되는 법적 관할지역) 그리고 법적 코드(허가권 문장)이다. 작은 수의 통제 어휘가 이들 재산권에 값을 제공하는데, 예를 들면 허가에 가능한 값은 재생, 유통, 그리고 파생이고 금지에 대한 유일한 값은 상업용이다. Creative Commons는 CC REL을 표준화된 법적 사용 허가에도 활용했고 어느 자원에 대해 가장 적절한 몇 개의 사용 허가권을 선택할 수 있게 안내하는 도구를 웹 사이트에서 제공하기도 했다.

여기에서 이야기할 마지막 권리 메타데이터 스키마는

METSRights 권리 선언 스키마 또는 권리 선언 MD이다. 이 스키마는 METS(메타데이터 인코딩 및 전달 표준)의 확장으로 개발되었는데 METS에 대해서는 뒤에서 자세히 논의하기로 하자. 권리 선언 MD는 세 가지의 상위 성분을 가지고 있는데, 권리 선언(어느 자원과 관련된 권리), 권리 소유자(개인 또는 조직) 그리고 문맥context(어떤 권리 소유자가 어떤 권리를 어떤 조건에서 갖는가에 대한 서술)이다. 이들 상위 성분 각각은 속성들을 가지고 있는데 일례로 권리 선언 MD의 한 속성은 권리 구분인데 저작권이 있는, 사용 허가된, 공공용 등 소수의 통제 어휘에서 값이 주어지게 된다. 맥락 성분은 상당히 복잡해서 몇 가지의 속성과 부성분을 가지고 있다. 맥락의 부성분 중 하나는 허가인데 관련된 소수의 통제 어휘를 가지고 있으며 발견, 표현, 복사, 수정, 삭제 같은 값이 있다.

저작권은 법률의 넓고 복잡한 분야로서 그 복잡성을 줄이기 위한 수많은 방법을 활용한다. 권리 메타데이터 스키마는 저작권의 복잡성을 관리 가능 규모인 메타데이터 스키마로 줄이려는 시도이다. 이들 스키마들은 이 문제에 대해 비슷하지만 조금씩 다른 해결책을 내고 있다. 앞에서 논의했듯이 출처 메타데이터 영역은 이미 표준이 등장한 예술, 디지털 이미지 같은 분야와 달리 아직도 유동적이다. 저작권 분야는 중간 정도에 와 있는데, 많은 권리 메타데이터 스키마가 존재하고 이들 스키마는 원칙적으로는 얼마 간 교환 사용 가능하지만 실제로는 특정 용례에 표준이 되었다. 예를 들어 Creative Commons 라이선스는 웹에 널리 퍼져 있는 반면에 권리 선언 MD는 METS가 기원을 둔 도서관 및 보관 분야에서 제한적으로 사용된다.

메타-메타데이터

이 장에서는 다양한 종류의 자원과 용례를 위한 몇 가지의 메타데이터 스키마를 다루었다. 지금은 그 모두를 관장하는 하나의 메타데이터를 논의할 시간이다. METS Metadata Encoding and Transmission Standard, 즉 메타데이터 인코딩과 전송 표준이다.

METS는 2000년대 초반 도서관, 보관소, 박물관, 그리고 여러 종류의 문화유산 기관들의 웹 디지털 자원이 증가하면서 이들 자원들에 대한 메타데이터 스키마의 부수적인 증가에 부응해서 개발되었다. 그 당시 디지털 자원이 저장될 수 있는 저장소의 수 역시 증가했다. 대학들은 출판물을 위한 저장소를 만들었고 대학 밖에서는 학제 저장소가 등장했고(arxiv.org 같은), 문화유산 기관들 역시 소장품을 위한 디지털 도서관을 만들었고, 여러 기관들이 기관 내 저장소와 디지털 도서관을 쉽게 만들 수 있도록 하는 소프트웨어(Dspace, esprints, Fedora 같은)도 개발되었다. 이런 내용물과 기능의 확산에 대처하기 위해서 METS는 자원에 대한 메타데이터 표준 구조를 제공할 뿐 아니라 저장소 간에 메타데이터가 확실히 교환될 수 있도록 했다. METS는 메타데이터를 기록하기 위한 용기-'문서'라고도 부르는-를 만들 수 있는 메타데이터 스키마이다. (앞에서 논의했듯이 자료라는 것과 메타데이터가 무엇인지는 대체로 당신의 견해와 관련이 있다. METS는 이 이슈를 미리 제대로 다루고 있는데 METS 문서 안에 담겨 있는 메타데이터 기록들은 METS 메타데이터의 자료 즉 METS 문서의 주제로 간주되어야 한다) METS 문서화에 따르면 METS 문서란 "내용물 간의 그리고 내용물과 디지털 도서관을 구성하는 메타데이터 간의 다양한 관계를 기록하는 방법이다."

METS 문서는 다음과 같은 7개의 부분으로 되어 있다.

머리말 Header

머리말은 문서에 기록된 자원보다는 METS 문서 자체에 대한 메타데이터를 담고 있다. 다르게 이야기해서 METS가 메타데이터 기록에 대한 메타데이터라면 METS 문서의 머리말 부분은 메타데이터 기록에 대한 메타데이터의 메타데이터 기록이다. 머리말 안의 성분은 문서 작성의 날짜, 최종 수정일, 그리고 문서와 관련된 매개체들의 역할(창작자, 편집자, 수집자, 지적 재산 소유자 등)을 담는다.

서술식 메타데이터 Descriptive metadata

서술식 메타데이터 부분은 평범하게 서술식 메타데이터를 담는다. PREMIS와 같이 METS는 고를 수 있는 것이 아주 많으므로 문서에 어느 서술식 메타데이터가 사용되었는지와 상관없다. 또한 METS는 복수의 서술식 메타데이터 부분을 허용하여 복수의 스키마가 하나의 자원을 서술하는 데 사용될 수 있다. 서술 부분은 자원을 설명하는 METS에 딱 맞는 어떤 성분도 제공하지 않는데, 모든 서술은 '싸여 있는' 또는 METS 문서로 연결된 다른 스키마들로 만들어진 메타데이터로 제공된다. 서술 부분에서 제공되는 성분은 서술 부분으로 '유입된' 메타데이터 기록의 유형, 그 기록의 작성일, 기록의 크기 그리고 그 기록에 대한 고유 식별자를 담는다.

관리 메타데이터 Administrative metadata

관리 메타데이터 부분은 다시 기술, 지적 재산권, 원천, 그리고 출처 메타데이터의 네 부분으로 나뉘어서 네 가지 다른 유형의 관리 메타데이터를 담고 있다. 서술적 부분처럼 관리 부분이 어느 자원의 관리를 설명하기 위한 고유의 성분을 제공하지는 않지만 다른 관리 메타데이터 스키마의 기록들이 싸여서 들어가도록 하거나 METS 문서로부터 연결되도록 한다.

METS

METS는 여러 부분 안에서 다른 스키마의 메타데이터 기록이 METS 문서에 싸이거나 연결되도록 하는 방법을 사용한다. 두 방법 모두 장단점이 있다. 메타데이터 기록이 METS 문서로부터 연결되면 그것을 보관하는 곳이 파일 부분이다. 파일 부분 안의 성분은 METS 문서의 '성분'에 대한 고유 식별자(즉, 연결되어 있는 메타데이터 기록) 그리고 제작일, 크기 그리고 그 성분의 MIME 형식을 담고 있다.

구조 지도 Structural map

구조 지도 부분은 파일 부분에서 확인된 METS 문서의 성분을 조직하는 방법을 제공하고 사실상 METS 문서 중 요구되는 단 하나의 부분이다. 구조 지도 부분에서 제공되는 가장 중요한 성분은 **구조의 유형**인데 물질적 구조를 가진 물건(예를 들면 순서대로 된 페이지로 나누어져 있는 책) 또는 논리적 구조로 된 디지털 대상물(트랙으로 나누어 있는 앨범) 또는 둘 모두가 가능하다. 구조 지도의 다른 성분은 각 부분에 대한 제목과 식별자이다.

구조 연결 Structural link

METS 문서의 구조 연결 부분은 다행스럽게도 단순하다. 이
것은 단순히 METS 문서 안에서 다른 부분 간의 연결을 정해
주는 장치이다. 예를 들어서 METS 문서가 어느 웹 페이지를
서술할 때 구조 연결 부분은 웹 페이지와 그 안에 심어져 있는
이미지 파일 간의 연결을 명시해 준다.

행위 Behavior

행위 부분은 METS 문서 안의 성분들과 실행 소프트웨어를
연결시키는 작동 규칙이 적혀 있는 METS 문서의 한 부분이
다. 2장에서 이야기했던 온톨로지가 시소러스 기반 위에 만들
어진다는 것을 기억하자. 온톨로지는 실체 그리고 그 관계들
의 조합 그리고 작동을 위한 규칙들의 조합이다.

결론

이 장의 서두에서 이야기했듯이 관리 메타데이터는 아주 커
다란 우산이어서 수많은 부수 종류들 그리고 각 부수 종류를
위한 여러 개의 스키마가 존재한다. 표준들의 좋은 점은 종류
가 많아서 선택할 수 있다는 것이다.

하지만 관리 메타데이터에는 어떤 형태 속에서도 한 가지 기능만 하는데, 그 생애 주기 동안 어느 자원의 관리에 유용한 정보를 제공하는 것이다. 자원들은 다양하므로 자원의 생애 주기와 관리도 똑같이 다양하기 마련이다.

관리 그리고 서술적 메타데이터 스키마 간에는 피할 수 없는 중복이 있는데, 서술식 정보를 우선 접하지 않고는 어느 자원을 관리하는 것이 불가능하거나 어렵기 때문이다. 그래서 서술식 스키마가 관리적 성분을 가지고 있고 관리 스키마 역시 서술식 성분을 필수적으로 가져야 한다. 다음 장에서는 세 번째 메타데이터 스키마를 살펴볼 텐데 서술식 또는 관리 스키마와는 아주 다른 기능을 하는 사용 메타데이터이다.

5

사용 메타데이터

마지막으로 걸었던 전화번호가 무엇이었던가? 그 통화를 할 때 어디에 있었지? 아마존에서 마지막으로 산 것은 무엇이며 그 주문에서 같이 산 다른 물건은 무엇이었나? ATM을 마지막 사용했을 때 돈을 얼마나 인출했던가? 그리고 그 ATM은 거래 은행의 기계였던가? 최근 방문한 25개의 웹 사이트는 무엇이었나?

이것들은 모두 일상생활의 행위들에 대한 꽤 간단한 질문들이지만 아마도 몇몇은 대답하기 어려울 것이다. 기억력의 이상한 점은 일상사를 기억하기가 가장 어렵다는 점이다. 하지만 오히려 남들이 당신과 관련된 이런 질문에 답을 할 수 있다. 앞에서 국가 안전국의 전화번호 메타데이터 수집과 관련하여 논의했듯이 핸드폰은 발신한 전화번호와 수신한 전화번호뿐 아니라 전화기가 있었던 위치 정보를 모으고 있다. 개인적으로 나는 1996년부터 아마존을 사용하고 있는데 원한다면 내가 했던 모든 주문에 대한 완벽한 기록을 볼 수 있다. 나는 나의 ATM 거래 기록을 가지고 있지 않지만 은행은 분명히 가지고 있다. 내 브라우저와 나의 인터넷 서비스 제공자는 내가 방문한 모든 웹 사이트에 대한 기록을 가지고 있다. 몇 년 동안 나는 크롬 브라우저를 사용했으므로 아마도 구글은 그 동안 내가 방문한 모든 웹 사이트에 대한 기록을 가지고 있을 것이다.

다들 그렇겠지만 이런 자료 수집은 기분 나쁘다. 하지만 이것은 또 다른 논의 과제이므로 이 책의 마지막 장에 있는 사용 메타데이터의 정치학에서 다룰 것이다. 이 장에서는 사용 메타데이터의 다양한 유형을 살펴보자.

"메타데이터에 근거하여 사람을 죽인다"

마이클 헤이든 장군은 2014년 4월 존스홉킨스 대학교의 "미국 국가안보국 재평가" 토론회에서 경고성 발언을 했다. 헤이든 장군은 국가안보국 그리고 중앙정보국 양쪽 모두의 이전 국장이었으므로 본인이 하고 있는 말을 분명히 알고 있었다.

메타데이터에 의한 죽음이 어떻게 가능한 것일까? A부터 Z까지 모든 것이 예술과 건축 시소러스에 적혀 있지만 아무도 통제 어휘를 가지고 다른 사람을 죽이지는 않을 것이다.

답은 메타데이터는 믿을 수 없을 정도로 폭로성이 있다 데 있다. 특히, 사용 메타데이터라고 알려진 메타데이터 유형은 개인 그리고 개인의 행동에 대하여 아주 많은 자료를 파악한다. 게다가 사용 메타데이터는 개인에 대한 정보를 노출시킬 수 있을 뿐 아니라 소셜 네트워크 그리고 개인들, 장소, 그리고 조직 간의 연결에 대한 자료를 제공할 수도 있다.

인간은 사회적 동물이어서 한 사람을 설명할 때 다른 사람들과의 관계를 설명하게 되는 것은 거의 피할 수 없는 일이다. 2장의 네트워크 분석에서 간단히 살펴보며 확인한 것처럼 관계에 대해 논의를 시작하면 이미 네트워크를 논의하고 있는 것이다.

케빈 베이컨의 6단계 법칙이라는 게임은 다소 우스워 보여도 이해하기 쉬운 예를 보여준다. 이 게임의 목표는 배우(남 또는 여)를 정하고 6단계 이내에 케빈 베이컨Kevin Bacon에 연결시키는 것인데 한 단계는 누구와 같이 영화에 출연했는가로 정의한다. 예를 들면 맥스 슈렉(1922년 무성영화 〈노스페라투〉에서 흡혈귀 오를록 백작을 연기한)이 볼프강 칠처와 〈보이콧〉을 함께 했고 볼프강 칠처는 엘리자베스 맥거번과 〈상사병〉에 나왔고 맥거번은 케빈 베이컨과 〈그녀는 아기가 생겼다〉에 나왔었다면 맥스 슈렉은 최소 베이컨 숫자 3이 된다. 케빈 베이컨의 6단계 게임은 〈6단계 분리〉라는 이름의 연극과 영화 때문에 유명해진 개념에 근거를 두고 있는데, 세상의 모든 사람들은 알맞은 6명을 찾을 수만 있다면 어느 누구와도 6명 이내로 연결되어 있다는 것이다. ("6단계 분리"는 1967년 스탠리 밀그램이 한 최초의 소셜 네트워크에 대한 임상적 연구였던 "작은 세상 실험"에 의해 영향을 받았다) 이 개념의 확산은 상대적으로 쉬웠다. 다른 유명한 예는 수학자 폴 에르됴스Paul Erdős의 이름을 딴 에르됴스 넘버인데 그는 아주 폭넓게 논문을 협력 또는 공동 저술했다. 에르됴스의 공동 집필자(551명)들은 에르됴스 넘버가 1이며 그들의 공동 집필자들은 에르됴스 넘버가 2(9267명)가 된다. 등등이다(재미있게도 폴 에르됴스의 케빈 베이컨 숫자는 4인데 그가 〈N은 숫자이다〉라는 기록 영화의 주인공이었기 때문이다. 하지만 케빈 베이컨은 무한대의 에르됴스 넘버를 가지고 있는데 이는 아무 관계가 없다는 것으로, 케빈 베이컨이 수학 논문을 쓴 적이 없기 때문이다).

케빈 베이컨의 6단계를 만드는 그래프와 어떤 사람의 에르됴스 넘버를 계산하는 것은 아주 간단한데, 그래프 속의 점 node은 배우 또는 수학자이고 선edge은 "같은 영화에 출연" 또는 "논문의 공동 저술"을 의미한다. 페이스북은 이런 극적으로 단순화된 소셜 네트워크 개념을 바탕으로 사업 모델을 만들었다. 페이스북의 점은 사람, 장소, 사물이고 선은 "친구" 그리고 "좋아요"이다. 페이스북facebook의 소셜 그래프가 베이컨 또는 에르됴스 그래프보다 조금 더 복잡하지만 여전히 현실을 단순화한 것이다.

이제 실제 세상에서의 인간관계의 복잡함을 실제로 파악하려는 소셜 그래프를 상상해 보자. 점은 여전히 사람, 장소 그리고 사물이겠지만 각각에 대한 구분이 또 있을 수 있다. 도시, 노래, 건물, 음식 종류 등등. 선은 폭넓은 값을 가질 수 있는데, 인간 간에는 친구, 친지, 친척, 부모, 배우자, 이웃, 동료, 상사, 직원 등등. 사람과 장소 간에는 사는 곳, 살았던 곳, 태어난 곳, 일하는 곳, 학교를 다닌 곳 등등이 있다. 인간의 행위와 관계가 아주 폭넓어서 가능성이 무한하지는 않지만 분명히 대단히 넓다.

소셜 네트워크를 만들 때—점을 구분하고 선을 정의하려고 할 때—사람, 사물 그리고 그 관계들의 모든 다양성은 너무 넓어서 끝없이 파악하는 것은 쓸데없는 짓이다. 필수적인 일은 새로 만들려고 하는 네트워크의 점에 대한 중요한 구분 그리고 선의 명칭을 정하는 것이다. 케빈 베이컨의 6단계는 아주 간단하기 때문에 누구나 쉽게 게임을 한다. 페이스북은 조금 더 복잡해서 더 많은 점과 선들을 가지고 있다. 페이스북은 이런 선택 가능성을 보여주는 소프트웨어와 함께 네트워크를 대신 관리해 주는 알고리즘을 가지고 있다. 이것들이 페이스북의 중요한 특성일 뿐 아니라 일반 네트워크에서도 중요한 것이다. 네트워크가 복잡할수록 관리, 특히 그 분석에 관여하는 컴퓨팅이 더 중요해 진다. 로빈 던바르Robin Dunbar는 영장류 뇌의 크기와 같은 종의 평균 사회적 그룹 크기 간의 상관관계를 처음 발견했다. 이 발견에 근거를 두고 인간의 사회적 커뮤니티의 최대 크기—즉 한 사람이 안정된 사회관계를 유지하면서 모든 사람들 간의 관계를 이해하는—는 대략 150명이라고 주장했다.

후에 여러 연구자들이 이 숫자에 대해 논박했으나 예상치는 250명을 크게 넘지는 않았다. 간단히 말하면 인간은 우리가 그 네트워크 안에 있는 동안에 꽤 커다란 소셜 네트워크를 가질 수 있다. 그러나 더 큰 네트워크를, 또는 자기의 사회 범위를 뛰어 넘는 네트워크에 대해 분석하려면 컴퓨팅이 필요하다.

다시 헤이든 장군의 말로 돌아가서 그가 언급하고 있는 메타데이터, 우리가 사람을 죽이는 근거로 쓴다는 메타데이터의 유형은 인간들과 그들이 속해 있는 네트워크에 대한 정확히 이런 유형의 자료이다

이것에 대해 완벽한 정보를 얻는 것은 어렵다. 에드워드 스노든은 많은 비밀 분류된 국가안보국의 사찰 프로그램을 언론에 폭로했지만 이 문서들 모두는(지금 현재까지는) 일반 사람들이 살펴보기 쉽지 않다. 그런데도 정보 당국이 여러 정보 원천으로부터의 메타데이터를 수집하고 사용하고 있다는 사실을 아는 것은 가능한 일이다.

국가안보국은 전화 소지자들로부터 직접 통화에 대한 메타데이터를 수집한다. 이 책의 서두에서 논의했듯이 이것은 아주 많은 메타데이터이다. 송·수화자의 전화번호, 통화 시점과 시간, 송·수신자의 위치 등. 만일 국가안보국이 어느 특정 전화번호가 '관심 인물'과 관련이 있다고 믿을 이유가 있다면 전화 메타데이터의 데이터베이스가 조사되고 관심 전화와 통화

를 했던 번호를 그리고 또 그 전화들과 통화했던 번호들을 알 아낸다.

단순히 누가 누구에게 전화를 했다라는 것은 자존심 있는 정보 분석가에게는 당연히 충분치 않을 것이다. 그러나 통화 의 네트워크는 소셜 네트워크이고 국가안보국이 보유하고 있 는 다른 소셜 네트워크 자료를 충실히 하는 데 사용될 수 있 다. 이 소셜 네트워크 안의 실체들(즉 점)은 전화번호, 이메일 주소, 그리고 IP 주소, 아마도 사람들, 지리적 위치 그리고 은 행 같은 조직을 포함한다. 스노든 케이스의 이야기에서는 이 네트워크 안의 선은 고용하다, 함께 여행하다, 그리고 포럼 메 시지를 보냈다 같은 관계도 담고 있다고 다양한 언론사들이 보도했다. 또 통화하다, 이메일 보내다, 여행가다, 방문하다 같은 선 명칭도 상상해 볼 수 있다.

메타데이터에 근거해서 사람을 죽인다고 했을 때 헤이든 장 군이 뜻한 것은 무엇이었을까? 미국 정보 당국에 의해 지금 요구되는 입증 책임에 따르면 소셜 네트워크에 대한 메타데이 터 그리고 그 안에서의 개인 위치가, 개인의 행동들에 대한 메 타데이터와 합쳐지면 그 개인에게 군사적 조치까지 정당화하 기에 충분한 정보를 제공하게 된다.

데이터 잔해

한편으로 이것은 무서운 이야기이다. 다른 한편으로는 많은 조직들이 우리가 능동적으로 매일 하는 일에 관해 하는 일과 다르지 않다. 사람을 죽인다는 부분을 빼고는.

일례로 아마존은 사용자에 대한 엄청난 메타데이터를 수집한다. 아마존에서 뭔가를 사기 위해서는 프로필을 만들어야 하고 최소한 신용카드 번호와 그 품목을 보낼 주소를 적어야 한다. 그러면 아마존은 추가 자료를 파악하는데, 사는 물건, 본 물건들, 댓글 등. 물론 이것은 아마존만 특별히 하는 것이 아니고 모든 온라인 업체들은 비슷한 자료들을 모으고 있다.

시간을 두고 이런 자료들을 모으는 것은 놀라울 정도로 날카로운 추론들을 만들어낸다. 아마도 가장 유명한 예는 대형 마트인 타깃이 여성의 구매 행태를 기초로 임신한 것을 예측하고 유아 관련 용품의 쿠폰과 함께 전단지를 보낸 것이다. 미성년자인 고객의 임신 사실을 본인보다 먼저 부모에게 알리지만 않았다면 좋은 마케팅 전략이었다.

사람이 일생생활을 하면서 생산되는 자료—그러므로 수집되는—를 '데이터 잔해'라고 일컫는다. 아주 적당한 용어인데 잔해라는 용어가 이런 종류의 자료가 다른 과정의 부산물이라는 개념을 담고 있기 때문이다. 이런 종류의 자료가 그것을 만들어내는 과정과 별개라는 사실 때문에 메타데이터로 부르기에 적절하다. ─이 책을 통해 이 단어가 사용되고 있는 정의와는 약간 다르지만. 이제까지는 "메타데이터"란 의도적으로 만들어진 자료를 의미했는데, 데이터 잔해는 반대로 다른 일을 하는 결과물로서 우연히 생산된 것이다.

패러데이터 Paradata

온라인 자원을 이용하다 보면 이들 자원을 이용하면서 우연히 자료가 만들어진다. 이들 자료는 웹 서버 일지 형식으로 존재한다. 웹 서버는 사용자가 일반적으로는 볼 수 없는 소프트웨어를 실행시켜 서버가 행하는 모든 활동들에 대한 자료를 수집한다. 이 활동 중의 하나는 서버에서 파일 요청을 처리하는 것인데, 예를 들면 웹 페이지와 이미지 또는 그 안에 담겨 있는 다른 미디어를 제공하는 일이다. 이 접속 기록은 그 요청을 한 '고객'에 대한 많은 정보를 담고 있는데, 요청한 날짜와 시간, 요청한 앱(보통은 웹 브라우저의 유형과 버전), 고객의 IP 주소, 로그인했다면 고객의 신원까지.

웹 접속 기록은 시스템 관리자가 서버의 사용과 상태를 점검하는 데 유용하지만 이는 제한된 서술 자료에만 제한된다.

점점 더 사용자의 시스템 사용에 관한 특정 유형의 자료를 수집할 수 있도록 시스템이 설계되고 있다. 이런 유형의 사용 자료가 점점 중요해지고 있는 분야 중 하나는 온라인 강의와 학습 분야이다.

패러데이터는 학습 자원에 대한 사용 메타데이터에 쓰이는 비교적 새로운 용어이다. 이 용어는 NSDL(미국국립과학디지털도서관)에서 채택되어 NSDL 안에 있는 디지털 학습물에 대한 사용자의 사용 자료를 가리키는 것이 되었다. 미국과학재단의 프로젝트로 시작된 NSDL은 STEM 학문(과학, 기술, 공학, 그리고 수학)에 초점을 맞춘 고품질 온라인 교육 자원에 대한 메타데이터 모음과 링크들이다. 이 자원들은 웹을 통해 유통되는데 NASA, PBS, 미국 자연사박물관 그리고 교육 목적을 가진 많은 조직들의 웹 사이트에서 유통된다. NSDL은 포털사이트로서 이러한 다양한 수집물을 두루 검색하고 브라우징할 수 있는 기능을 제공하여 사용자가 쉽게 고품질의 STEM 교육 자원을 찾을 수 있게 한다.

NSDL은 스스로 어떤 교육 자원도 가지고 있지 않고 모든 자원들은 각 조직의 웹 사이트에 있다. NSDL은 교육 자원과 그 자료를 가진 조직들에 대한 서술 메타데이터로만 만들어져 있다. 이 메타데이터 위에 NSDL은 이 자원들의 사용에 대한 메타데이터도 수집하는 데 얼마나 자주 다운로드 되는가, 트윗되는가, 다른 수집물에 포함되는가, 학과목에서 사용되는가, 수정되는가 그리고 여러 가지 사용 지표들이다. 패러데이터에 대한 문서에서 NSDL은 패러데이터가 서술 메타데이터에 대한 보완물이며 대체물이 아님을 분명히 했다. NSDL에 있는 서술 메타데이터는 사용자가 교육 자원을 찾고 브라우징하는 것을 돕고 NSDL이 수집한 패러데이터는 NSDL 및 참여기관에게 어떻게, 왜, 그리고 누가 이 자원들을 사용하는가에 대한 피드백을 제공한다.

이 글을 쓰는 시점에는 NSDL이 '패러데이터'란 용어를 "교육 자원에 대한 사용 메타데이터"라는 의미로 사용하는 유일한 조직으로 보인다. 하지만 NSDL이 패러데이터를 수집하는 유일한 조직은 물론 아니다. 지난 몇 년간, '대시보드dashboards'가 웹 사이트 및 다른 온라인 시스템에 대한 자료를 보여주는 일반적인 도구가 되었다. 일례로 구글 애널리틱스Google Analytics는 웹 사이트에 대한 자세한 사용 자료를 수집하는 아주 잘 알려진 시스템이다. 수많은 '학습 관리 시스템' — 온라인 과정의 내용과 논의 사항을 올리는 플랫폼 — 은 학생들의 자료 사용에 관한 그리고 과정을 통한 향상에 대한 자료를 수집한다. 일례로 〈그림 12〉는 내가 MOOC에서 코세라를 통해 가르쳤던 메타데이터 강의에 대한 몇몇 대시보드 자료를 보여주고 있다. 다른 교육 플랫폼의 대시보드는 더 잘 다듬어진 사용자 자료를

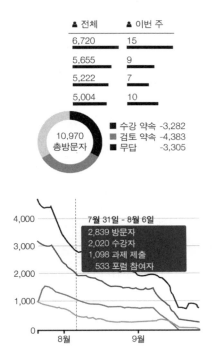

〈그림 12〉

👤 전체	👤 이번 주
6,720	15
5,655	9
5,222	7
5,004	10

10,970
총방문자

■ 수강 약속 -3,282
■ 검토 약속 -4,383
■ 무답　　　-3,305

7월 31일 - 8월 6일
2,839 방문자
2,020 수강자
1,098 과제 제출
533 포럼 참여자

8월　　9월

보여주므로 강사는 다른 학급동기들보다 뒤떨어지는 학생뿐
아니라 이 학생들이 어려움을 겪는 특정 학습도 알 수 있다.

사용 메타데이터로서 사용 자료를 참조하는 것은 상당히 최
근의 진전인데 사실은 약간의 문제가 있다. 자원 사용에 관한
자료를 수집하는 것은 물론 새로운 것이 아니다. 웹 서버 소프

트웨어는 웹 서버가 거의 수명을 다할 때까지의 사용 기록을 수집하는 기능을 가지고 있다. 웹 서버 기록 전에는 도서관에서 대출 도서 자료를 수집했고 박물관에서는 관람객 수를 수집하고 식품점에서는 판매된 품목 그리고 함께 판매된 물건 자료를 모았다. 이것들 모두는 다양한 사용 자료이지만 이것들을 사용 메타데이터라고 부르지는 않는다.

데이터 잔해, 패러데이터 같은 용어들이 비슷한 이유로 사용 자료를 가리키지만 동시에 그런 자료는 메타데이터의 전통적 개념과는 동떨어진 것임이 확실해지고 있다. 데이터 잔해는 유용한 용어이지만 널리 쓰이지는 않고 패러데이터 역시 널리 쓰일 수 있는지는 아직 분명하지 않다. 그러나 분명한 것은 사용 메타데이터가 광범위하고 성장하는 관심 주제라는 것, 그리고 현재 이 분야에서 급속한 변화가 있다. 넓고 다양한 사용 메타데이터 유형을 파악 분석하려는 소프트웨어가 개발되었다. 이 개발이 진전되면서 사용 메타데이터 용어를 명확히 할 필요성이 점증하고 있다. 웹 서버라는 관점에서는 이 자료를 종종 '로그(사용 기록)'라고 부르고 다른 온라인 자원 관점에서는 '애널리틱스'로 부른다. 또 다른 서비스의 관점에서는 그냥 단순히 '자료'라고 부른다.

6

메타데이터 실현 기술

이 장에서는 웹에서 사용하는 대부분의 메타데이터에 깔려 있는, 또 거의 모든 시맨틱 웹 관련 메타데이터에 깔려 있는 기술들에 대해 이야기한다. 지금까지는 이미 존재하는 메타데이터 스키마들만 논의했다. 어떤 스키마 또는 시소러스가 사용되고 있으며, 메타데이터 기록들이 자원 안이나 밖에 있든지, 스키마 또는 시소러스가 이미 존재한다는 것은 명명백백하다. 이 장에서는 어떻게 메타데이터 스키마가 처음 만들어졌는가를 보기로 하자.

이 장에서 논의할 기술들은 복잡해서 여기에서 다뤄지는 것보다 훨씬 길게 취급될 만하다. 물론 이렇게 길게 다루는 많은 책들과 온라인 지침서가 있고 그들 중의 몇몇은 더 읽을거리에 실려 있다. 이 장은 이들 기술을 가볍게 다루면서 메타데이터를 만드는 데 담당한 역할을 설명하는 것에 필요한 정도만 알아보려고 한다.

구조화된 자료

질문: 다음은 어떤 종류의 메시지인가?

Lorem, Dolor sit amet, consecteur adipisicing elit, sed do

eiusmod tempor incididunt ut labore et dolore magna aliqua.
Ut enim ad minim veniam, quis nostrud exercitation ullamco
laboris nisi ut aliquip ex ea commodo consequat. Duis aute
irure dolor in reprehenderit in voluptate velit esse cillum
dolore eu fugiat nulla pariatur

답: 대답이 가능하지 않다. 왜냐하면 실제 의미를 전달할 수
있는 방법으로 쓰여 있지 않기 때문이다. 우리 목적을 위해 더
중요한 점은 구분되지 않는 문장 덩어리로 되어 있어서 형식
에서 아무런 실마리를 찾을 수 없다는 것이다.

다음 질문: 다음은 어떤 종류의 메시지인가?

Lorem ipsum

Dolor sit amet, consectetur adipisicing elit,sed do

Eiusmod tempor incididunt ut labore et dolore magna

Aliqua. Ut enim ad minim veniam, quis nostud

exercitation ullamco laboris nisi ut aliquip ex ea

commodo consequat.

Duis aute,

답: 이것도 의미 없는 단어들이다. 그러나 형식은 편지 같은데, 서두에 인사말이 있고, 중간에는 내용이 있고, 끝에는 사인을 했다. 이것은 익숙한 형식으로 한 페이지에 쓰여 있으므로 이 문장을 구별할 수 있다.

마지막: 다음은 어떤 종류의 메시지인가?

> Lorem: ipsum
>
> Dolor: sit amet
>
> Consectetur: adipisicing
>
> Elit: sed do eiusmod tempor incididunt
>
> Ut labore te dolore magna aliqua. Ut enim ad minim
>
> Veniam, quis nostrud exercitation ullamco laboris nisi
>
> ut aliquip ex ea commodo consequat.

답: 이 형식은 메모 또는 이메일로 보인다. 서두에 제목이 있고(~에게, ~로부터, 날짜, 그리고 주제) 이메일의 본문은 그 아래 있다. 또 익숙한 형식으로 쓰여 있으므로 이 문장을 구별할 수 있다.

형식화는 서로 다른 장르의 문장이 페이지 위에서 어떻게 보이는지 알고 있는 인간 독자에게는 유용한데, 우리는 이메일 장르에 익숙하므로 우리는 위 세 번째 문장 안에서 ~에게, ~로부터, 날짜, 그리고 주제를 "알아챈다." 형식화는 소프트웨어가 자동적으로 문장의 장르를 찾아내도록 사용된다. 다른 말로 하면 형식화는 구조의 한 형식으로서 이 특정한 구조 형식이 문장 자체는 무의미할지라도 문장의 종류를 구별하도록 도와준다.

페이지 위의 문장도 형식화처럼 구조가 있다. 좀 더 깊이 보면 언어 자체에도 구조가 있다. 서로 다른 언어들은 글자들을 다른 빈도로 사용하고 단어의 순서가 더 유동적이거나 덜 유동적이고 필자들 각자도 각각 다른 단어 사용 습관을 가지고 있다 등. 그러므로 자연어로 쓰인 문장 모두는 내재적인 구조를 가지고 있다. 이것이 언어 자동 번역 도구(구글 번역기)와 스타일로메트리stylometry(저자 분석 도구로서 예를 들면 어느 작품의 저자가 셰익스피어라는 것을 판단한다)가 작동할 수 있는 이유이다.

물론 문장이 구조를 가진 유일한 것은 아니다. 실제로는 모든 자료는 구조화되어 있다. 순수 무작위만이 비구조화인데 그러면 순수 무작위는 노이즈일 뿐 자료가 아니라는 주장이 있다.

자연어로 되어 있는 문장―즉 이 글처럼 인간이 사용하려는 목적인 문장―은 비구조화된 자료의 고전적 예이다. 하지만 앞에서 이야기했듯이 자연어의 문장조차 글자와 단어의 형식화 또는 통계적인 분포와 같은 어느 정도 구조를 가지고 있다. 비구조화된 자료도 약간의 노력으로 밝힐 수 있는 심어진 구조를 가지고 있다. 네트워크 분석이 이미 논의되었으며 그리고 페이스북과 트위터 같은 서비스 덕분에 소셜 네트워크처럼 비구조화된 것처럼 보이는 것들도 아주 많은 내재적 구조를 가지고 있다는 것이 일반적으로 알려졌다. 특히, 존재하는 파일에 대한 가장 비구조화된 저장소인 웹도 큰 차원에서 보면 구조를 보여준다.

모든 그리고 어떤 자료도 구조화된 모습으로 보여줄 수 있다. 이것이 데이터베이스가 가능한 이유이다. 데이터베이스는 자료 조합이 설명문의 조합으로 분해될 수 있고 할당된 값의 조합으로 공유하고 있는 필드 조합에 저장할 수 있게 한다. 틀림없이 익숙한 이야기인데 이 설명들은 사실상 주제-서술-대상과 같은 구조를 가지고 있다. 예를 들어 예술품에 대한 자료 조합에는 공유되는 필드로 제목, 작가, 그리고 창작 날짜가 있고 여러 예술 작품들의 각각의 기록들은 이들 필드에 각각의 값을 채워놓을 것이다. 그런 표는 데이터베이스는 아니고 스프레드시트인데, 읽을 수 있도록 데이터베이스를 스프레드시트로 보여주는 것은 쉽다.

데이터베이스를 보여주는 또 다른 방법은 관계를 보는 것이다. 관계형 데이터베이스에서는 한 필드에 할당되는 값을 통

제목	작가	창작 시기	소장 장소
라 조콘다	레오나르도 다빈치	1503-1506	루브르 박물관
L.H.O.O.Q.	마르셀 두챔프	1919	국립 현대 미술관
독수리	알렉산더 칼더	1971	시애틀 미술관

제하기 위해 하나의 필드와 값의 일람표로 관계가 만들어진다. 다른 말로 하면, 필드가 가리키는 표는 통제 어휘가 되고 그 필드 안 셀에 부여되는 값들은 아마도 그 통제 어휘로부터만 할당될 것이다. 관계 데이터베이스는 자료의 질을 확실히 하는 데 유용하다. 예를 들어 이름 전거 파일은 이름의 철자가 틀리는 것을 방지하고 동명이인 간의 애매함을 없앤다. 자료의 질을 확실하게 하는 것은 이름 전거 파일의 가장 중요한 기능 중 하나이고 이름 전거 파일 속의 모든 실체들이 고유 식별자를 가지고 있는 주된 이유이다.

자원 검색을 위한 메타데이터 기록이 관련된 곳에서는 자료의 질이 특히 중요하다. 자원은 나쁜 자료 때문에 결국 볼 수 없게 될 수 있다. 기록 안의 값이 사용자가 검색할 때 사용하는 용어와 다르면—단순히 다른 용어가 쓰이거나 철자가 틀린 경우 또는 다른 실수—그 기록은 그 사용자 검색에서 발견되지 못하고 사용자는 영영 관련 자원을 찾지 못할 수도 있다.

〈그림 13〉

속성	값
제목	…
작가	〈예술가 이름 통합표〉
주제	〈LC 주제 머리글〉
서술	…
날짜	…
형식	…
권리	…

LC 주제 머리글
그림
고래
움직이는(조각)
…

예술가 이름 통합표
레오나르도 다빈치
멜빌, 허만
칼더, 알렉산더
…

메타데이터의 존재는 구조화된 자료의 존재에서 부분적으로 서술되었다. 구조화된 자료는 자료로 서술된 실체 유형, 이 실체 속성들 그리고 그들 간의 관계에 대한 표현인 자료 모델에 의거하여 조직되었다. 이것 역시 익숙한 이야기이다. 존재하는 자료 모델은 많이 있는데 대부분의 메타데이터 작업에 중심이 되는 데이터 모델은 자원 기술 프레임워크RDF: Resource Description Framework이다.

RDF

RDF, 자원 기술 프레임워크는 자원을 서술하는 틀이다. 공정하게 얘기하면 동어반복이다. 그러나 실제로는 동어반복하는 것보다 정의하는 데 더 유용하다. RDF는 자료 모델이고, 다르게 이야기하면 이것에 의거하여 자료가 만들어지는 틀, 논리적 구조이다. 무엇을 위한 틀인가? 자원을 서술하기 위한 것이다. 무슨 자원인가? 비록 RDF는 일반적으로는 웹에 있는 자원을 서술하기 위해 사용되지만 자원 모두이다. 간단히 말하면 RDF는 실체에 대한 서술식 설명문을 만드는 일반적 자료 모델이다.

2장에서 논의한 세 부분—주제-서술-대상—의 관계를 생각해 보자. 이 세 부분의 관계는 RDF의 중심에 있고 3종이라고 불린다. RDF 3종은 2장의 아주 간단한 네트워크 분석 시도에서 논의했던 그래프이다.

RDF의 중요한 기능은 3종의 주제가 표준 자원 식별자URI로 식별되어서 3종 안에서 또는 온라인 서비스에서 애매하지 않게 조회될 수 있어야 한다는 것이다. 프레드릭 빈치Frédéric D. Vinci는 루브르 박물관이 고용한 사진사인데 모나리자의 디지털 사진을 찍었고 그 파일이 온라인에 저장되었다고 하자. 이 관계를 대표하는 RDF 3종은 〈그림 15〉와 같다.

빈치 씨는 온라인에서 본인을 확인할 수 있는 정본 식별자를 갖고 있고(개인 웹 사이트의 URL 같은) 그 관계가 또 다른 3종이다. 물론 작가는 더블린 코어 성분이고 그래서 더블린 코

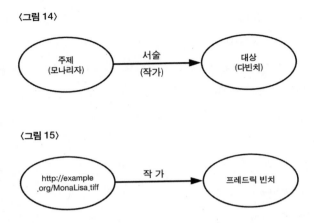

〈그림 14〉

주제
(모나리자) → 서술
(작가) → 대상
(다빈치)

〈그림 15〉

http://example
.org/MonaLisa.tiff → 작 가 → 프레드릭 빈치

어 웹 사이트에 또 다른 3종으로 정해져 있다. 무엇이든지 자원이 될 수 있고 URI로 식별된 모든 자원은 3종의 주제가 될 수 있다. 그러므로 RDF 3종은 '연결'을 통해 그래프를 만든다.

RDF는 자원을 서술하기 위한 틀이다. 그러나 메타데이터 영역에서는 일반적으로 자원과 그 관계가 예술품, 음악, 웹 자원 등과 같이 좁은 범위 안으로 국한된다. RDF는 대부분의 메타데이터 스키마를 만드는 데 준거하는 틀이며 이들 실체들의 유형, 그리고 메타데이터 스키마 세계에서 이들 실체들 간의 관계가 이것에 따라 정해진다.

DCMI_{Dublin Core Metadata Initiative} 추출 모델

예를 들면 더블린 코어에 존재하는 실체의 유형 그리고 이들 실체 간의 관계는 RDF 기반 위에 만들어진 더블린 코어 메타데이터 추출 모델DCMI로 정해진다.

DCMI 추출 모델은 이 위에서 더블린 코어 메타데이터 스키마가 만들어진 틀이지만 그냥 더블린 코어보다는 더 넓게 적용될 수 있도록 개발되었다. DCMI 추출 모델은 사실상 메타데이터 스키마의 보편적 추출 모델로 개발되었다. 설령 이것이 더블린 코어 메타데이터 추출 모델이라고 불리고 있지만 실체와 그 관계에 대해 입력하는 어느 특정 문법 또는 어법과는 독립적으로 개발되었다. 간단히 말해서 DCMI 추출 모델은 보편적 모델로 개발되었고, 이 기반 위에 더블린 코어가 만들어졌고 다른 어떤 메타데이터 스키마도 만들 수 있다.

왜 범용성 있는 추출 모델을 개발하는가? 왜냐하면 그렇게 함으로써 더블린 코어의 유용성이 실제로 올라가기 때문이다. 더블린 코어 성분들은 최소한의 공통분모로 만들어졌으므로, 사용하기 간단하게 만들어져서 모든 사람이 사용할 수 있을 뿐 아니라 사용할 것이다. 이 극단적 단순화의 문제점은 더블린 코어가 모든 용도에 충분치는 않다는 것이다. 더블린 코어의 개발자들은 이 점을 알고 있었고 더블린 코어의 성공을 위해서는 확장 능력이 필요하다는 것도 알고 있었다. 더블린 코어 확장을 위해 성분을 세밀하게 하고(날짜. 만든, 날짜. 수정된 등) 그리고 완전히 새로운 성분(다윈 코어로부터의 대륙, 국가, 섬, 등)이 개발되도록 하는 방법으로 세부 요건(한정자 Qualifier)이 개발되었다. 더블린 코어가 기반으로 사용될 수 있고 통상의 추출 모델을 사용하여 쉽게 만들어진다는 사실은 더블린 코어의 활용을 진작시켰을 뿐 아니라 더블린 코어가 개발된 원래 목적인 "네트워크화 된 전자 정보물에 대한 자원 서술 (또는 메타데이터) 기록 기술 개발을 향상시켜야 한다"는 목적을 진전시켰다.

메타데이터 스키마를 개발하는 이런 '모듈식' 시도는 모든 스키마가 같은 유형의 실체들의 존재와 그 관계들을 인식하고 있을 때 가능하다. 부정적 예로서 더블린 코어는 작가를 자원의 창작에 주로 책임이 있는 실체로서 인식하는 데 반해 W3C의 출처 스키마는 매개체Agent를 자원의 생존 주기 동안 영향을 끼친 실체로 인식한다. 이 실체들은 서로 다른 이름을 가졌을 뿐 아니라 다르게 그리고 양립할 수 없도록 개념 지워졌다. 이것은 온톨로지의 근본 문제인데 관련자들이 세상 안 실체의 분류를 동일하게 인식하지 못하면 소통은 어렵게 된다. DCMI 추출 모델은 근본적으로 메타데이터 스키마의 온톨로지를 명확히 하려는 장치이다.

DCMI 추출 모델은 친숙해지게 하는 방법으로 메타데이터 스키마의 온톨로지를 명확히 한다. 서술되는 자원은 RDF 3종의 주제이다. (예: 모나리자) 서술된 자원은 재원-값의 쌍을 사용하여 서술되었다. 재원-값의 쌍은 정확하게 하나의 재원과 하나의 값으로 구성되었다(작가는 레오나르도 다빈치이다) 값에는 두 종류가 있다. 글자와 비글자. 비글자인 값은 실체이고 글자인 값은 그 실체를 나타내는 특성 표현이다. (예를 들어서 레오나르도 다빈치라는 이름은 비글자 즉, 그 이름으로 다니는 어느 실제 인물을 대표하는 글자값이다) 서술된 자원이나 비글자인 값은 모두 자원들이다. 다르게 이야기하면 서술될 수 있는 실체는 RDF 3종의 주제가 될 수 있다.

DCMI 추출 모델에 대해서는 더 많은 것이 있다. 모델은 메타데이터 기록이 어떻게 만들어지는지, 어떻게 고유 식별자가 실체를 대신한 역할을 하는지 그리고 어떤 인코딩 스키마로 자원이 서술되는지 역시 설명한다. 그러나 이 도표는 어떤 메타데이터 스키마도 만들 수 있는 이 일반적 모델이 RDF의 로직 위에 만들어졌다는 점을 전달하기에 충분하다. RDF는 3종의 구조와 네트워크를 확실히 설명한다. DCMI 추출 모델은 그 구조를 더 자세히 파헤치고 그 구조를 활용한다.

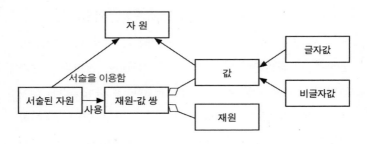

XML

여기에 XML이 등장한다. 일반적 모델로서 DCMI 추출 모델은 메타데이터 스키마 안에 실체와 관계를 인코딩하기 위한 어떤 특정 문법이나 어법도 정하지 않는다고 위에서 이야기했다. 그러나 실제로는 많은 메타데이터 스키마의 문법과 어법은 XML로 입력된다.

이 절의 제목은 XML이지만 HTMLHyper Text Markup Language로 이야기를 시작한다. Markup 언어는 언어라기보다는 문서의 문장 안에 지시 사항들을 심을 수 있도록 하는 통제 어휘이므로 문장과 지시 사항은 분명히 분리되어 있다. HTML은 (짐작대로) 웹에 있는 문서인 하이퍼텍스트에 들어가도록 설계되었다. 웹은 문서가 하이퍼링크를 포함하고 있어야 웹이고 그래서 문서는 점이라고 볼 수 있고 선들로 연결한다.

HTML로 하는 지시는 대부분 서식formatting과 관련되어 있는데 이 문장은 굵게, 이건 이탤릭체, 이것은 머리글, 이것은 링크이다 등이다. 웹 브라우저는 이들 지시사항을 해석해서 보고 있는 웹 페이지가 그 웹 페이지를 만든 사람의 의도대로 포맷되도록 한다. HTML은 어느 문서의 서식을 서술한다는 점에서만 메타데이터이다. HTML에 더 깊이 들어갈 필요는 없지만 마크업이 어떻게 생겼는지 궁금하다면 3장에 있는 〈meta〉 태그 예 또는 다음의 간단한 예를 보면 된다.

〈h2〉이 문장은 머리글이다〈/h2〉

〈b〉이 문장은 굵게 쓴다〈/b〉

〈a href="http://example.com/"〉이 문장은 링크이다〈/a〉

XMLExtensible Markup Language은 확장성 마크업 언어이다. (Extensible이 X로 시작하지 않지만) XML은 언어가 아니고 지시문 조합이다. HTML이 웹 문서의 형식을 특정하는 지시문 조합이라면 XML은 다른 마크업 언어들을 특정하는 지시문 조합이다.

2장에서 나온 비유를 쓰자면 메타데이터 스키마는 간단하지만 조직되어 있는 언어이며 메타데이터 기록은 이 언어로 만들어진 설명문의 조합이다. 이것은 유용한 비유이지만 다른 모든 비유들처럼 지나치게 멀리 가면 안 되는데 XML이 바로 이 비유가 무너지는 곳이다. XML은 다른 조직된 언어를 만들어낼 수 있도록 조직된 언어로서 이 생각은 인간의 언어에 대해 이야기할 때는 잘 이해되지 않는다.

하지만 XML을 얘기할 때는 일리가 있다. 예를 들어서 XML로 HTML을 만들어낸다. 사실상 만든 적이 있고 XHTML이라고 부른다. 이 책을 쓰는 시점의 HTML 최신판인 HTML 5 역시 XML에 기초해서 만들어졌는데 HTML의 이전 판들은 다른 마크업 언어인 SGML로 만들어졌다.

DTD document type definition

웹 브라우저는 웹 페이지 안의 HTML을 이해하고 그 페이지의 내용을 보여주는데, 이 문자는 굵은체, 이탤릭체 등이다. 그런데 웹 브라우저는 어떻게 HTML을 이해할까? 어떻게 〈b〉가 다른 뜻이 아닌 "이 문장을 굵은체로"라고 아는 걸까?

그 대답이 문서 형식 정의DTD: document type definition이다. DTD는 마크업 언어에 있는 모든 성분들을 정하고 또 정의하는 문서이다. HTML의 서로 다른 버전들은 다른 DTD를 가지고 있다. 그러나 HTML 안의 성분들은 모든 버전에서 꽤 안정적이므로 이들 DTD들도 꽤 비슷하다. 하나의 HTML의 DTD는 그 HTML 버전에 있는 모든 마크업 성분에 대한 정의를 담고 있다. 예를 들어서 HTML 4.01의 DTD에서의 머리글heading 과 폰트스타일fontstyle에 대한 표현은 다음과 같은데

〈 !ENTITY % heading "H1 | H2 | H3 | H4 | H5 | H6" 〉

〈 !ENTITY % fontstyle "TT | I | B | BIG | SMALL" 〉

머리글의 6단계 모두 그리고 모든 글꼴스타일(텔레타입, 모노스페이스, 이탤릭체, 굵은체 등)은 이 DTD 설명문에 표현되어 있다. 머리글과 폰트스타일에 대한 정의는 DTD 안의 다른 곳에 표현되어 있다.

다음은 HTML을 위한 DTD의 간단한 예이다. DTD의 장점은 모든 마크업 언어 성분을 정의하는 데 사용될 수 있다는 것이다. 예를 들어 더블린 코어 메타데이터 성분 조합은 DTD로 표현된다. 다음은 15가지 성분 모두를 표현하고 있다.

〈 !ENTITY % dcmes "dc:title | dc:creator | dc:subject |
dc:description | dc:publisher | dc:contributor |
dc:date | dc:type | dc:format | dc:identifier |

dc:source ｜ dc:language ｜ dc:relation ｜ dc:coverage ｜
dc:rights" 〉

다음 줄들은 제목 성분을 자세히 표현하고 있다.

〈 !ELEMENT dc:title (#PCDATA) 〉

〈 !ATTLIST dc:title xml:lang CDATA #IMPLIED 〉

〈 !ATTLIST dc:title rdf:resource CDATA #IMPLIED 〉

간단히 말하면 제목 성분은 특정 형식의 자료를 필요로 하고(PCDATA: Parsed Character Data) 제목의 속성(ATTLIST)은 XML과 RDF에서 도출되었고 다른 종류의 자료이어야만 한다(문자 자료).

DTD를 만드는 일에 더 깊이 들어갈 필요는 없다. 위에서 얘기했듯이 더 자세한 사항은 책 말미의 더 읽을거리에 적혀 있다. 하지만 이 간단한 예들은 DTD로 모든 성분이 표현 가능하다는 것을 보여주고 있다. 여러 성분들을 표현하는 DTD는 모든 마크업 언어, 즉 모든 메타데이터 스키마를 표현할 수 있다.

DTD가 덜 일반화되어 있기 때문에 DTD를 더 깊이 들어갈 필요는 없다. HTML 5가 SGML 위에 만들어지지 않았으므로

HTML 5의 성분들은 DTD로 표현되지 않았다. HTML 5 성분들은 DOMDocument Object Model으로 표현되는데 HTML 5에 있는 모든 성분을 적고 있으며 계층 가계 구조로 만들어져 있다. 모든 현대의 웹 브라우저들은 이 DOM을 참조하는 기능을 가지고 있고 HTML 문서 안에서 사용된 성분들을 해석한다. 그러므로 높은 수준에서는 DTD와 DOM은 비슷한 것으로 둘 다 성분 및 성분의 속성을 마크업 언어로 표현하고 있다. 이 책을 쓰는 시점까지는 DTD를 덜 사용하는 이러한 추세를 반영해서 더블린 코어가 아직 개정되지 않았고 새로운 더블린 코어가 개발되지도 않았다.

결론적으로 모든 자료는 조직화되어 있고 메타데이터 스키마를 만들려고 할 때 데이터베이스 설계의 기본을 염두에 두는 것이 유용하다. RDF는 자료 세트의 구조가 3종의 그래프로 분명히 표현되도록 한다. 실체는 여러 개의 3종에서 주제와 대상물 양쪽 모두일 수 있으므로 그래프가 커지게 한다. 실체들 간의 관계, 즉 서술은 스프레드시트 행의 제목과 같아서, 그 관계 설명에 대한 구분이다. 3종의 대상물을 특정하는 데 사용될 수 있는 용어들은 시소러스에서 도출될 수 있다. 관계 조합에 대한 문법과 어법 그리고 시소러스 용어가 정해진 방법은 XML DTD를 이용해서 정해졌다.

이 장은 웹 위의 많은 메타데이터가 채용하고 있는 기술들을 이야기했다. 특정 기능성을 부여하기 위해 함께 사용되는 기술의 종류들은 종종 기술 스택technology stack이라고 불린다. 이 장에서 논의한 기술 스택은 사실상 웹을 위한 W3C 기술 스택의 일부일 뿐이다. RDF와 XML은 W3C 스택의 기반에서 보인다. 그 기반 위에 만드는 것은 이동통신, 음성 또는 다른 웹 서비스를 위한 기술들로 여기서 다루는 범위 밖이다. 또한 그 기반 위에 만드는 것은 메타데이터 특히 시맨틱 웹에 의존하는 기술들이다.

시맨틱 웹

기존의 용어들 중에서 적당한 용어를 찾을 수만 있다면
용어를 새로 만들기보다 가능한 한 많이 그 용어들을 자료 서술에
재사용하여야 한다. 기존 용어들의 재사용이 바람직하다.
_ Tom Health and Christian Bizer,
Linked Data: Evolving the Web into a Global Data Space (2011)

월드와이드웹World Wide Web을 발명한 것에 만족하지 않고 팀 버너스리Tim Berners-Lee는 '자료 웹'의 꿈을 지속적으로 적었다. 물론 이 자료는 지금의 웹처럼 웹을 이용하는 인간이 사용할 수 있는 것이어야 한다. 그러나 여기의 자료는 또한 소프트웨어로 가공될 수 있어서 응용프로그램이 사용자를 대신하여 과제를 수행할 수 있어야 한다. 버너스리와 동료들은 2006년에 그 당시에는 실현되지 않고 있다고 했는데 지금도 마찬가지이다.

그러나 다양한 표준, 기술 그리고 가능하게 하는 다른 도구들이 등장하면서 이 꿈을 실현하는 데 다가가고 있다. 이들 도구의 많은 것들이 메타데이터 스키마와 어휘 그리고 이것들을 만든 기술들이다.

시맨틱 웹은 그것이 아우르는 기술들 측면에서 보면 복잡한 주제이다. 이 기술들의 몇몇은 메타데이터 관련 기술이지만 대부분은 아니다. 그러나 이 책은 메타데이터에 관한 책이지 일반적인 웹 관련 기술에 대한 책이 아니다. 결국 메타데이터와 특별히 관련된 것에 집중하기 위해서 앞 장 서두에 있던 경고를 다시 적는데, 이 장은 시맨틱 웹과 연관된 많은 기술들에 대해 가볍게 다루면서 메타데이터 관점을 설명하는 데 필요한 만큼만 살펴보고 이 주제에 대한 자세한 것은 더 읽을거리에 열거하기로 한다.

시맨틱 웹 소개

메타데이터가 시맨틱 웹의 전부는 아니지만 시맨틱 웹의 운영에 중요한 부분이다. 메타데이터가 시맨틱 웹에서 어떻게 쓰이는지 이해하려면 시맨틱 웹의 꿈과 어떤 문제들을 시맨틱 웹이 해결하려 하는가를 우선 이해할 필요가 있다.

시맨틱 웹의 꿈이 적혀 있는 2001년도 논문 원본에서 버너스리와 그 동료들은 시맨틱 웹이 "의미 있는 콘텐츠에 구조를 가져다준다"고 적었다. 그러므로 소프트웨어 만드는 사람들은 이 구조를 이용하여 "사용자를 위해 복잡한 과업을 손쉽게 수행할 수 있게" 할 수 있다고 말했다(36페이지).

앞 장에서 논의했듯이 모든 자료는 어느 정도까지는 구조화되어 있다. 그러나 모든 구조가 알고리즘으로 쉽게 접속되는 것은 아니다. 예를 들어서 영어의 통계적 구조는 알고리즘으로 분석될 수 있고 이것이 스타일로메트리가 하는 방법인데 이런 종류의 구조는 안에 숨어 있으므로 셰익스피어가 실제로 『마스터 윌리엄 피터를 위한 장송비가A Funeral Elegy for Master William Peter』의 작가인지에 대해서 논란의 여지를 남긴다. (현재까지 문학 학자들 사이의 공감대로는 셰익스피어가 아니다). 소프트웨어 매개체가 사용자들을 위해 지체 없이 복잡한 과업들을 수행하기 위해서는 웹상의 자료가 명시적으로 구조화되어 있어야 한다.

소프트웨어 에이전트

소프트웨어 에이전트라는 생각은 영화 〈매트릭스〉에 나오는 스미스라는 이름의 요원 모습과 어느 정도 겹쳐 보인다. 우리 중 많은 사람들은 컴퓨터가 휴고 위빙Hugo Weaving의 목소리로 이야기하면 좋아하겠지만 버너스리와 그 동료들이 스미스 요원의 모습으로 "소프트웨어 에이전트(매개체)"를 생각한 것은 아니었다. 오히려 어느 소프트웨어 매개체에 대해 시맨틱 웹이 그리는 모습은 인간성을 말살하려는 나쁜 컴퓨터 프로그램이라기보다는 이메일 필터에 가까운 것이다.

버너스리와 동료들은 첫 논문에서 병원 약속 일정 잡는 일을 시맨틱 웹이 가능해진 미래에서 소프트웨어 에이전트들이 수행할 수 있는 과업의 예로 들었다. 이 예에서 당신의 에이전트는 의사의 에이전트를 통해 처방에 대해 검색하고 의료 제공자의 목록을 찾고 보험 처리가 되는지 그리고 자격이 있는지 점검한 후 집에서부터의 거리를 기준으로 걸러낸 다음 마지막으로 제공자 소프트웨어와 일정에 맞는 시간으로 약속을 정한다.

이 예가 실제로 작동하기 위해서는 몇몇 실체들로부터 몇 가지의 자료가 제공되어야 하는데, 병원으로부터 처방과 그 세부 사항, 보험회사가 처리해 주는 제공자 목록, 제공자의 급 수 또는 제3자가 매긴 서열, 제공자의 일정, 집 주소, 그리고 당사자의 일정이다.

이 예에서 일정 잡기가 아마도 가장 간단한 것일 것이다. 앞에서 논의했듯이 ISO 8601은 날짜와 시간을 표현하는 표준이므로 이 예에서의 모든 일정은 ISO 8601로 입력되었다고 가정하자. 일정 안의 행사는 관련된 날짜와 시간이 있으므로 일정 소프트웨어는 아무 행사가 없는 날짜와 시간을 찾을 수 있고 그 목록을 다른 에이전트와 공유한다. 일정 매개 소프트웨어는 전체 일정은커녕 일정 속의 다른 어느 행사도 공유할 필요가 없다. 소프트웨어가 공유해야 하는 것은 일정에 대한 약간의 메타데이터이다. 즉 관련된 행사가 없는 날짜와 시간들. 이 예에서는 웹의 "의미 있는 내용물"을 전혀 활용하지 않고 있다. 즉 디지털 자원을 서로 주고받지 않는다. 대신, 이들 자원의 메타데이터들을 주고받는다. 다르게 이야기하면 시맨틱 웹의 미래는 웹에 있는 의미 있는 내용물의 메타데이터로 만들어진 구조를 활용하는 소프트웨어 에이전트에 달려 있다.

연계 자료 소개

　시맨틱 웹은 온라인에 조직화된 자료를 올리는 것 이상을 요구하므로 구조화된 자료들 간의 연계를 만들어야 한다. 웹 페이지 사이에 연계가 있다는 것이 그것을 웹으로 만드는 것이다. 마찬가지로 소프트웨어가 자료 조합 간의 연결을 가능하도록 하는 것이 온라인에 있는 구조화된 자료 간 연계이다.

　연계된 자료에 대한 책에서 톰 히스와 크리스천 바이저Tom Heath and Christian Bizer는 "연계 자료의 기본 구상은 월드와이드웹의 일반 설계를 구조화된 자료의 전 세계적 공유 작업에 적용하는 것이다"라고 썼다. 웹은 꽤 복잡한 정보 공간이지만 그 복잡성은 아주 간단한 규칙으로부터 발생한다. 이들 규칙들은 버너스리가 제안했는데 웹을 위한 설계 원칙들을 자세히 적어놓았다. 버너스리의 규칙들은 요구 사항이 아니고 자료들이 어떻게 구조화되어야 하는가에 대한 제안인데 이 규칙들을 지키면 웹에 대한 새로운 기술들이 기존의 인프라와 상호 작용이 가능해진다. 이 규칙들을 지키는 것이 또한 웹상의 구조화된 자료들이 서로 연계되도록 한다. 이 규칙들을 쉽게 설명하면 다음과 같다.

　1. URI를 자원 식별자로 사용할 것.

2. URI를 HTTP로 포맷함으로써, 정립된 기술을 채용하면서 자원을 쉽게 찾을 수 있게 한다.

3. 자원과 자원에 대한 메타데이터 둘 모두를 만들 때 RDF 같은 표준을 사용할 것.

4. 이 메타데이터와 더불어 다른 URI에의 링크를 제공하여서 더 많은 자원을 찾을 수 있게 한다.

이 규칙에서 거론된 기술 모두는 이미 앞 장에서 이야기되었다. URI는 온라인 자원에 대한 고유 식별자이다. 시맨틱 웹은 자원이 URI를 갖도록 해서 다른 자원들 또는 온라인 자원들과 혼동되지 않고 검색되도록 한다. URI로 접근할 수 있는 자원은 '참조 가능'이라고 부른다. HTTP는 웹에서 가장 일반적인 프로토콜이기 때문에 URI를 참조하는 데 선호되는 방식이며 URI가 많은 소프트웨어와 서비스에 참조되도록 하고 있다. 예를 들어서 한 URI의 자원이 웹 페이지이고 어느 웹 브라우저가 그 URI를 참조하고 있으면 그 브라우저에 보내는 것은 그 웹 페이지이다. 미래에는 연계된 자료의 모든 유형의 자원들을 소프트웨어가 참조할 수 있고 추적하는 에이전트에 전달되는 것은 자원뿐만 아니라 자원에 대한 메타데이터도이다.

RDF는 자원을 묘사하는 틀로써 주제-서술-대상 3종을 이용한다. 3종(주제)으로 묘사된 자원은 URI로 특별히 식별되어서 그 자원이 참조되도록 한다. 3종 안의 대상물 역시 하나의 자원이고 마찬가지로 참조될 수 있는 것으로 두 가지 특별히 식별된 자원들 간에 관계를 만들어낸다. 어느 자원이 참조되면 그 자원은 그 자원에 대한 메타데이터와 함께 추적 응용 프로그램에 제공된다. 그 메타데이터에 포함되어 있는 것이 그 자원과 연계된 다른 자원들의 목록인데, 그 자원이 주제였던 3종에서 대상물이고, 원래 자원이 대상물이었던 3종에서는 주제가 되는 또 다른 자원들이다. 만일 사용자가 모나리자를 시맨틱 웹 검색엔진에서 찾으려 한다면 모나리자의 디지털 이미지과 그에 대한 서술식 메타데이터가 레오나르도 다빈치, 리자 델 조콘다 그리고 루브르 박물관에 대한 추가 자료 링크와 함께 제공될 것이다. 간단히 말하면 사용자가 자원을 문장으로 만드는 데 도움이 되는 자료이다.

유로피아나Europeana는 연계된 공개 자료와 그 활용에 대한 훌륭한 영상물을 만들었다. 유로피아나는 전 유럽 연합에 걸친 거의 150군데(이 책을 쓰는 시점까지) 다양한 유형의(미술관, 도서관, 저장고, 박물관 등) '명소'들이 보관하고 있는 소장품에 대한 문화유산 자료의 포탈이다. 디지털화된 자원들은 제공하는 기관 사이트에 각각 담겨 있고 유로피아나가 제공하는 것은 사용자가 이들 자원에 접근하도록 하는 공유 방식을 제공하는 것이다. 이 영상물에서 제공되는 예는 '비너스'에 대한 검색이다. 사용자가 검색하고 있는 것은, 항성, 여신, 비너스 윌리엄스 테니스 선수, 밀레의 〈비너스〉, 보티첼리의 〈비너스의 탄생〉이라는 그림 같은 것이다. 이들 자원들에 대한 연계된 공개 자료를 제공함으로써 문화유산 기관들은 검색을 확실하게 하는 도구를 만들어서 사용자들을 도울 수 있다. 이 검색에서는 이 검색 도구가 '비너스'라는 용어와 맞는 자원을 찾아서 사용자에게 제공한다. 이 자원들과 자원에 대한 메타데이터와 함께 관련 글을 제공하는 또 다른 자원에 대한 링크들이 나온다. 이 추가적인 글 위의 정보로부터 이 검색을 한 사용자는 '비너스'라는 용어의 많은 의미를 알 수 있고 어느 것이 가장 관련이 있는지 결정할 수 있다.

모든 것은 연결되어 있다.

RDF 3종 안의 서술부는 연계된 자료 속에 링크를 넣는 것이다. 모든 자원은 3종의 주제 또는 대상물이 될 수 있다. 레오나르도 다빈치(주제)는 빈치(대상물)에서 태어났다(서술부), 그러나 빈치(주제)는 피렌체(대상물)의 일부분이다(서술부). 자원이 참조될 때 자원들 간 3종 네트워크가 만들어진다. 연계된 자료들이 연계되도록 하는 것이 이 3종의 네트워크이고 자료 웹에 구조를 만들어주고 소프트웨어 에이전트가 과제를 수행할 때 이 구조를 사용할 수 있게 한다. 연계된 자료는 웹 위의 자료를 조직화하는 방법인데 (1) 소프트웨어에 유용하게 쓰일 수 있도록 충분히 조직화되어야 하고 (2) 한 제공자로부터의 자료와 다른 제공자의 자료를 연결할 수 있게 하는 공유된 표준을 사용해야 한다.

버너스리와 그 동료들이 시맨틱 웹에 대한 첫 논문을 쓴 지 15년이 되었고 소프트웨어 에이전트는 애초에 꿈꾸었던 만큼 아직 만들어지지는 않았다. 웹 서비스와 상호작용하는 반자동인 에이전트 대신 웹 서비스는 대부분 서로 직접 상호작용해서 응용 프로그램 접속(API)을 통해 구조화된 자료를 제공하고 해결한다. 어떤 메타데이터가 이들 API를 통해 제공되고 해결되고 있는가? 그 질문에 대한 답은 물론 응용 프로그램에 달려 있다. 그러나 무엇이든지이거나 모든 것일 수 있다.

일정은 좋은 예이다. 각종 행사가 중요한 역할을 하는 많은 조직(학교, 극장 등)의 웹 사이트들은 아이캘린더iCalendar를 제공한다. 이것들은 웹에 일반적인 것이어서 확장자 .ics가 붙은 URL로 제공되고 보통은 달력 모양의 아이콘이 함께 나온다. 아이캘린더 표준은 행사 시작과 종료 시간, 요약, 행사 담당자와의 연락 정보 같은 성분을 이용하여 행사 메타데이터를 입력한다. 아이캘린더 정보는 URL인데 많은 달력 응용 프로그램은 URL이 달력에 추가되도록 허용해서 그 정보 안에 입력된 모든 행사를 보여준다. 그 정보는 URL이므로 제공자에 의해 업데이트 될 것이다. 그러므로 예를 들어 내가 보스턴 레드삭스의 아이캘린더 정보에 가입하면 내 개인 일정은 항상 삭스의 일정을 포함할 것이다.

메타데이터가 제공되고 API에 의해 해결되는 다른 좋은 예는 사진 보관 서비스에서 사용하는 Exif 자료이다. 4장에서의 고양이가 어디에 살고 있나iknowehereyourcatlive.com와 포토신스Photosynth 프로젝트를 다시 생각해 보자. 이들 서비스들은 일정 범주에 걸맞은 사진을 찾기 위해 그리고 Exif 기록 안에 GPS 자료를 갖고 있는 플리커와 인스타그램 같은 사진 호스팅 서비스의 API에 물어본다.

지도 응용프로그램 API를 이용해 GPS 자료를 가지고 오고 지도 위에 이들 사진을 올리기도 한다.

웹 위에 올릴 수 있는 것에는 제한이 없다. 웹에는 좋은 점 나쁜 점 모두가 있어서 웹 사이트나 블로그, 텀블러 또는 우연히 관심을 갖게 된 소수의 사람들만의 화젯거리를 다루는 핀터레스트Pinterest 보드 등을 시작하는 데는 허가가 필요 없다. 어디선가 누군가가 웹 사이트, 블로그, 텀블러 또는 당신이 가장 공격적이라고 생각하는 핀터레스트 보드를 분명히 시작했을 것이다. 웹의 어떤 측면을 통제하는 기관은 있지만－국제

인터넷주소관리기구ICANN가 도메인명칭시스템DNS을 관장하듯이 -
그러나 온라인에 올라가는 내용물에 대해 통제를 하는 기관은
없다. 물론 권위적인 정부 같은 일부의 조직들은 사용자가 접
속할 수 있는 것을 통제하려고 시도한다. 그리고 검색엔진은
사실상 사용자가 접속할 수 있는 것을 통제하기도 해서 자원
들이 검색 결과 목록에 조금만 보이도록 한다. 그러나 이들 둘
은 모두 사실 여부에 대한 여과 장치일 뿐 온라인에 올라가는
것에 대한 통제는 아니다.

마찬가지로 어떤 메타데이터를 웹에 올리는지에 대한 제한
이 없다. 어느 자원에 대해 할 수 있는 가능한 설명은 거의 무
한하기 때문에 그래야만 한다.

예술 관련 연계된 자료

그러나 어느 자원에 대해 실제로 만들어지는 설명은 제한되
기 마련인데 각 메타데이터 스키마의 범위는 영역 특수성이
있는 편이기 때문이다. 여기에서 예술이라는 영역은 좋은 예
로 상당히 광범위하면서 색 다른 유형의 실체들과 관계를 아
우른다.

폴 게티 연구소의 작업은 이미 소개한 바 있다. 게티 연구소

는 물질문화를 서술하는 네 가지의 어휘집을 실제로 개발했는데, AAT(예술과 건축 시소러스), TGN(지리적 명칭 시소러스), CONA(문화적 대상물 이름 전거 파일), 그리고 ULAN(예술가 이름 목록)이다. AAT와 TGN은 시소러스이므로 2장에 나오는 시애틀의 부모-자식 관계의 예에 대한 그림 같이 계층구조를 가지고 있다. CONA와 ULAN은 둘 다 이름 전거 파일이다.

게티의 어휘집은 연계된 자료라는 발상보다 일찍 나왔는데, 넷 중 가장 오래된 AAT는 1970년대에 나왔다. 그러나 영역별 특별한 범위를 감안하면 이들 어휘집들이 자연스럽게 상호 연결되는 것이 적합하다. 이 책을 쓰고 있을 때 CONA는 아직도 시험 중이었고 모나리자는 아직 온라인에 포함되지 않았다. 그러나 또 다른 레오나르도 다빈치 작품이 온라인에 있는데, 〈헝클어진 머리를 가진 사람의 캐리커처〉, CONA ID 700002067 라는 것이다. 이 대상물에 대한 CONA 기록은 다른 게티 시소러스로부터의 값으로 매겨진 성분 몇을 가지고 있다. 예를 들어 작업 형식Work Type은 그림이고 AAT ID 300033973이고 표현 재료display materials는 펜과 잉크로서 각각 AAT ID 3000 22452와 300015012이다. 이 작품의 작가는 물론 레오나르도 다빈치이고 ULAN, ID 500010879로 적혀 있는 실체이다. 이 작품은 게티센터, ULAN ID 500260314의 소장품이지만 TGN ID 7002445인 영국에 분명히 있었던 것이다.

위에 언급된 각각의 ID번호는 고유 식별자이다. 게티 연구소는 네 가지 시소러스 안의 모든 실체에 대한 고유 식별자를 만들었다. 예술 세계에서 게티 연구소는 활발한 단체이며 예술과 관련된 이 시소러스들 그리고 다른 표준들을 개발하는 데 대단한 노력을 기울였다. 그래서 많은 박물관과 문화유산 조직들은 게티가 만든 것을 사용한다. 그럼에도 불구하고 이들 ID가 게티 연구소에 의해 매겨진 것을 주목할 필요가 있다. 웹에서는 URI가 어느 자원에 내재하는 것이지만 게티의 고유 식별자는 널리 쓰이고 있긴 해도 게티가 개발한 방식에 따라 주어진 임의적인 것이다. 이들 ID들은 게티 서버에 있는 URI와 서로 상응하는데 예를 들어 TGN ID 7002445는 URI http://vocab.getty.edu/tgn/7002445와 상응한다. 그 URI에서 서술-대상 짝의 표를 담고 있는 기록이 발견되는데 영국을 주제로 하는 3종의 두 개 부분이다[예를 들어서 서술로서 장소 유형과 대상물로서 국가(주권 국가)].

게티 어휘집의 모든 실체들은 고유 식별자를 가지고 있고 그것으로 URI가 만들어진다. 모든 실체 기록들은 이들 고유 식별자를 통해 다른 실체 기록들에 연결한다. 그 결과 게티의 어휘집은 레오나르도의 〈헝클어진 머리를 가진 사람의 캐리커처〉의 예가 보여주듯이 확실하게 상호 연결되어 있다.

더욱 중요한 것은 모든 시소러스 또는 메타데이터 스키마로부터의 기록은 이러한 고유 식별자를 통해 게티 어휘집 안의 실체 기록에 연결된다. 마찬가지로 어떤 시소러스 또는 메타데이터 안의 고유 식별자를 가진 모든 실체 기록들은 서로 연결된다. 예를 들어, 의회도서관은 당연히 모든 실체들에 URI에 상응하는 고유 식별자를 달아 연계 자료 서비스(레오나르도 다빈치의 URI는 http://id.loc.gov/authorities/names/n79034525.html이다)를 통해 다른 몇 개의 어휘집뿐만 아니라 주제표목과 이름 전거 파일을 제공하고 있다. VIAF은 2장에서 간단히 소개되었는데, VIAF는 복수의 원천으로부터의 기록들을 하나의 서비스로 통합하는 전거 파일이다. VIAF 기록들의 원천 중에는 다른 것들과 함께 의회도서관과 게티 연구소가 있다. VIAF 기록은 자료가 편집된 모든 원천들과 원래 기록의 링크까지 기록하고 있다. 모든 VIAF 기록들은 URI와 상응하는 고유 식별자를 물론 가지고 있다(레오나르도 다빈치의 VIAF URI는 http://viaf.org/viaf/24604287이다).

2장에서 거론한 일대일 원칙을 상기해 보면, 하나의 자원, 하나의 메타데이터 스키마를 위해서는 단 하나의 메타데이터 기록만 있어야 한다. "하나의 메타데이터 스키마를 위해서는" 이라는 부분이 중요하다. 이 절에서도 레오나르도 다빈치에 대한 3개 이상의 기록이 언급되었다. 각각의 기록들은 다른 목적을 가지고 있는데, 의회도서관 명명 파일의 주목적은 이름들의 통제된 모습을 제공하는 데 반해 통합 예술가 성명 목록(Union List of Artist Names)은 이름뿐 아니라 전기 및 다른 정보도 제공한다. VIAF는 복수의 원천으로부터의 자료를 하나의 기록으로 합쳐서 전거 파일의 비용을 줄이고 유용성을 높인다. 하나의 자원에 대한 복수의 기록이 있을 수 있지만 이들 모두는 두 가지 기능을 하는데, 응용프로그램 또는 서비스에 의해 참조될 수 있는 분명한 기록 그리고 자기 스스로가 참조될 수 있는 관련 자원들에 대한 추가 링크도 제공한다.

DBpedia

DBpedia로 들어가자. 이름이 시사하듯이 DBpedia 자료들은 위키피디아의 내용물에서 나온 것이다. 위키피디아는 링크, 위치 정보 자료 그리고 범주 구분을 포함한 엄청난 양의 구조화된 자료를 가지고 있다(언어와 페이지 배치를 뛰어 넘는). 위키피디아에서 아마도 가장 많이 볼 수 있는 구조화된 자료는 인포박스Infobox인데, 많은 위키피디아 글의 우측 상단 구석에 있는 사이드바로서 그 글 주제에 대한 요약을 담고 있다. 레오나르도 다빈치에 대한 인포박스는 사조style라는 성분에 '르네상스', 대표작이라는 성분에는 여러 개의 값으로 되어 있

Leonardo da Vinci

Portrait of Leonardo by Francesco Melzi

Born	Leonardo di ser Piero da Vinci April 15, 1452 Vinci, Republic of Florence (present-day Italy)
Died	May 2, 1519 (aged 67) Amboise, Kingdom of France
Known for	Diverse fields of the arts and sciences
Notable work(s)	*Mona Lisa* *The Last Supper* *The Vitruvian Man* *Lady with an Ermine*
Style	High Renaissance
Signature	*oi Leonardo de Vinci*

다. 인포박스에는 **출생**이라는 성분이 태명, 생일 그리고 출생 장소라는 세 개의 부 성분으로 되어 있고 적절한 값들을 가지고 있다. 레오나르도 다빈치에 대한 위키피디아 글에는 훨씬 더 많은 자료가 나올 수 있지만 유용하게 구조화하기 위해서는 가공이 필요한 반면 인포박스의 자료들은 이미 구조화되어 있다.

하나의 위키피디아 글은 하나의 실체(사람, 장소, 사물, 또는 생각)에 상응한다. 물론 '하나의 실체'를 구성하는 것에 대한 논란이 있는데 위키피디아 글들은 시간을 두고 쪼개지고 합쳐져 왔다. 그러나 밀물 썰물이 있다 해도 이 글을 쓰고 있는 현재 총 3800만 입력 글에 125개국 언어로 된 글들의 모든 실체와 대응되는 DBpedia가 생겼다.

DBpedia는 실체에 대한 메타데이터 기록인데 많은 성분과 값의 조합을 가지고 있다. 모든 기록이 같은 성분을 가지고 있지 않고, 개인에 대한 기록은 출생 장소와 생일을 가지고 있지만 도시에 대한 기록은 그렇지 않다. 더욱이 도시에 대한 기록은 누구의 출생 장소라는 성분과 그 곳에서 태어난 사람들의 목록을 가지고 있지만 다른 유형의 실체에 대한 기록에는 포함되지 않는다. 하나의 DBpedia 입력이 모든 것을 다 가지고 있지는 않지만 위키피디아의 모든 언어 버전에 나오는 실체 자료의 많은 것을 담고 있다. 그래서 레오나르도 다빈치의 경

<그림 18>

Property	Value
dbpedia-owl: abstract	Leonardo di ser Piero da Vinci (Italian pronunciation: [leo'nardo da v'vintʃi] About this sound pronunciation ; April 15, 1452 – May 2, 1519, Old Style) was an Italian Renaissance polymath: painter, sculptor, architect, musician, mathematician, engineer, inventor, anatomist, geologist, cartographer, botanist, and writer. His genius, perhaps more than that of any other figure, epitomized the Renaissance humanist ideal.Leonardo has often been described as the archetype of the Renaissance Man, a man of "unquenchable curiosity" and "feverishly inventive imagination". He is widely considered to be one of the greatest painters of all time and perhaps the most diversely talented person ever to have lived. According to art historian Helen Gardner, the scope and depth of his interests were without precedent and "his mind and personality seem to us superhuman, the man himself mysterious and remote. Marco Rosci states that while there is much speculation about Leonardo, his vision of the world is essentially logical rather than mysterious, and that the empirical methods he employed were unusual for his time.Born out of wedlock to a notary, Piero da Vinci, and a peasant woman, Caterina, in Vinci in the region of Florence, Leonardo was educated in the studio of the renowned Florentine painter Verrocchio. Much of his earlier working life was spent in the service of Ludovico il Moro in Milan. He later worked in Rome, Bologna and Venice, and he spent his last years in France at the home awarded him by Francis I. Leonardo was, and is, renowned primarily as a painter. Among his works, the Mona Lisa is the most famous and most parodied portrait and The Last Supper the most reproduced religious painting of all time, with their fame approached only by Michelangelo's The Creation of Adam. Leonardo's drawing of the Vitruvian Man is also regarded as a cultural icon, being reproduced on items as varied as the euro coin, textbooks, and T-shirts. Perhaps fifteen of his paintings have survived, the small number because of his constant, and frequently disastrous, experimentation with new techniques, and his chronic procrastination. Nevertheless, these few works, together with his notebooks, which contain drawings, scientific diagrams, and his thoughts on the nature of painting, compose a contribution to later generations of artists rivalled only by that of his contemporary, Michelangelo. Leonardo is revered for his technological ingenuity. He conceptualised flying machines, a tank, concentrated solar power, an adding machine, and the double hull, also outlining a rudimentary theory of plate tectonics. Relatively few of his designs were constructed or were even feasible during his lifetime, but some of his smaller inventions, such as an automated bobbin winder and a machine for testing the tensile strength of wire, entered the world of manufacturing unheralded. He made important discoveries in anatomy, civil engineering, optics, and hydrodynamics, but he did not publish his findings and they had no direct influence on later science.
dbpedia-owl: alias	Leonardo di ser Piero da Vinci (full name)
dbpedia-owl: birthDate	1452-04-15 (xsd:date)
dbpedia-owl: birthName	Leonardo di ser Piero da Vinci
dbpedia-owl: birthPlace	dbpedia:Vinci,_Tuscany dbpedia:Republic_of_Florence
dbpedia-owl: birthYear	1452-01-01 (xsd:date)
dbpedia-owl: deathDate	1519-05-02 (xsd:date)
dbpedia-owl: deathPlace	dbpedia:Clos_Lucé dbpedia:Amboise dbpedia:Kingdom_of_France
dbpedia-owl: deathYear	1519-01-01 (xsd:date)

우 그의 이름, 출생 장소, 출생, 사망일 그리고 대표작뿐 아니라 그에게 영향을 끼친 예술가, 그에 이름을 따른 선박, 그리고 그가 등장하는 소설 작품까지 담고 있다.

주제-서술-대상 3종으로 만들어지는 네트워크의 형성은 앞에서 다루어졌다. 주제(레오나르도 다빈치)는 묘사되는 자원이고 자원과 다른 실체와의 관계 구분은 서술이다. (예로서 출생 장소) 그리고 대상은 자원과의 서술되어 있는 관계를 가진 실체이다(예: 빈치). 레오나르도 다빈치는 또 다른 3종의 주제이면서 어느 3종의 대상이고 빈치 자체는 다른 3종의 주제이면서 대상이다 등 이런 식으로, 원한다면, 이 우주 안의 모든 것 간의 네트워크 관계를 그려볼 수 있다.

물론 위키피디아 역시 유한하다. 그러므로 실체들 간의 관계 네트워크를 그리는데 위키피디아를 사용하는 동안 소위 알고 있는 우주의 끝에 결국은 도달하게 된다.

sameAs 성분을 보자. 모든 DBpedia 입력은 sameAs 성분과 관련된 값 목록을 가지고 있는데, 같은 실체들에 대한 다른 기록 URI들이다. 이들 중 많은 것들은 다른 언어로 된 DBpedia 입력이지만 어떤 것들은 위키데이터 데이터베이스, 《뉴욕타임스》 연계 공개 자료 어휘 또는 Cyc 어휘 같은 다른 원천으로부터 나온 것이다. sameAs 성분은 집 주소, 직장 주소, 핸드폰 번호, 그리고 주민등록번호처럼 동일한 실체를

```
owl:sameas   fbase:Leonardo da Vinci
             http://purl.org/collections/nl/am/p-10456
             http://fr.dbpedia.org/resource/Léonard_de_Vinci
             http://de.dbpedia.org/resource/Leonardo_da_Vinci
             http://cs.dbpedia.org/resource/Leonardo_da_Vinci
             http://el.dbpedia.org/resource/Λεονάρντο_ντα_Βίντσι
             http://es.dbpedia.org/resource/Leonardo_da_Vinci
             http://eu.dbpedia.org/resource/Leonardo_da_Vinci
             http://id.dbpedia.org/resource/Leonardo_da_Vinci
             http://it.dbpedia.org/resource/Leonardo_da_Vinci
             http://ja.dbpedia.org/resource/レオナルド・ダ・ヴィンチ
             http://ko.dbpedia.org/resource/레오나르도_다_빈치
             http://nl.dbpedia.org/resource/Leonardo_da_Vinci
             http://pl.dbpedia.org/resource/Leonardo_da_Vinci
             http://pt.dbpedia.org/resource/Leonardo_da_Vinci
             http://wikidata.org/entity/Q762
             http://wikidata.dbpedia.org/resource/Q762
             http://www4.wiwiss.fu-berlin.de/gutendata/resource/people/Leonardo_da_Vinci_1452-1519
             http://sw.cyc.com/concept/Mx4rwAvMqZwpEbGdrcN5Y29ycA
             http://yago-knowledge.org/resource/Leonardo_da_Vinci
```

가리키는 참조 기록으로써 열거된 모든 URI들은 모두 동일한 실체인 당신을 가리키는 것으로 이해된다. 또는 더 좋은 예로서 10자리, 13자리 ISBN 모두 동일한 출판물을 가리키는 것으로 이해된다.

sameAs 성분은 실체 간의 관계 네트워크를 위키피디아가 알고 있는 경계를 넘어 인간 지식의 한계까지 확장할 수 있게 하는 것이다. 위키피디아의 다른 언어 버전 내용물 중에는 중복이 분명히 있다. 그렇지만 위키피디아의 어느 언어 버전에는 있는데 다른 언어로는 게재되지 않은 이야기가 있다고 하는 것이 아마도 맞을 것이다. 이 책을 쓰고 있을 때 레오나르도 다빈치에 대한 이탈리아어 위키피디아는 영어 위키피디아

보다 훨씬 폭넓은 전기를 담고 있을 뿐 아니라 영어 버전 글에는 전혀 없는 레오나르도 도서관과 원고도 가지고 있다. 이탈리아어로 된 위키피디아 글과 영어 위키피디아 글이 같은 실체에 관한 것이라고 정립되면 두 개의 떨어져 있는 네트워크는 같이 연결된다. 그리고 sameAs 성분값으로 연결된 URI의 목록이 길수록 더 많은 네트워크의 더 많은 자료들이 생긴다.

연계된 공개 자료

많은 조직들이 연계된 공개 자료로 자료를 만들어놓은 이유는, 더 많은 실체들에 대한 더 많은 기록들이 서로 연결되면 될수록 온라인에서 볼 수 있는 지식이 더욱 풍부해지기 때문이다.

연계된 공개 자료를 공개하려면 어느 기관이든 자료들을 웹에 올리면 되는 것인데 자료 조합 안에서뿐 아니라 자료 조합 안과 밖에 있는 실체들 간에서도 RDF 3종의 구조를 이용한다. 각 기관은 물론 RDF 3종을 자신이 독점하는 자료 조합에만 적용하여 다른 기관보다 앞설 수 있다. 그러나 많은 기관은 자기의 자료 조합을 공개적으로 웹에 올리는 것 그래서 연계된 공개 자료 조합을 더 확장하는 것이 본인들에게도 이익이 된다는 것을 인식하고 있다.

밀물은 모든 배를 들어 올린다.

　이 글을 쓰는 시점에 폴 게티 연구소는 위에서 논의한 네 개의 어휘집 모두를 연계된 공개 자료로 출판하는 일을 하고 있었다. 2014년에는 예술과 건축의 시소러스AAT 그리고 지리적 명칭TGN이 출판되었고 다른 두 개는 2015년에 나오게 되어 있다. AAT와 TGN(예를 들어 '소파')의 모든 기록들은 '시맨틱 뷰view'를 담고 있는데 자원이 주제, 서술, 그리고/또는 대상으로 존재하는 설명문 묶음이다. 다르게 이야기하면 계층 안의 모든 부모 용어(가구, 다인용 가구 등)와 자손 용어(카나페 소파, 체스터필드 소파 등), 제작일자 그리고 용어의 수정, 영어와 다른 언어로 된 용어를 위한 특별한 ID 등으로 되어 있다. 게티 어휘집의 URI 몇몇은 DBpedia에 포함되어서 이런 아주 풍부한 네트워크를 다른 것들에 연계하고 있다.

　뉴욕타임스의 연계된 공개 자료 어휘는 위에서 언뜻 언급된 바 있다. 2010년 뉴욕타임스는 '타임스 토픽'이라는 주제표목을 발행하기 시작했는데 이는 신문에 보도된 토픽들을 채우는 약 3만 개의 용어 목록이다. 이 글을 쓰는 시점에는 타임스는 약 1만 권을 발행했다. 이들 중 적어도 몇 URI는 DBpedia에 포함되었고 뉴욕타임스가 제공하는 아주 풍부한 자료들을 위키피디아에서 추출된 것들과 연결하게 되었다.

의회도서관 주제표목, 이름 전거 파일 그리고 다른 어휘집은 의회도서관 연계 자료 서비스에서 사용 가능하게 되었다. 의회도서관의 고유 식별자가 DBpedia에 포함되었다.

위에서 논의했듯이 의회도서관은 다른 국가의 몇몇 국립도서관들, 게티 연구소 그리고 OCLC 등과 함께 VIAF(Virtual International Authority File가상 국제 전거 파일)를 개발하기 위해 힘을 합쳤다. VIAF의 많은 고유 식별자들이 DBpedia에 포함되었다.

자기들 자료에 대한 접속을 상당히 제한한다고 알려진 회사인 페이스북조차도 스키마를 발행했는데, 공개 그래프 프로토콜Open Graph Protocol은 성분(재원properties: 제목, 유형, 이미지, url 등)과 추천 값(글, 음악·노래, 음악·앨범, 비디오·영화 등)의 조합으로 구성되어 있고 웹 위의 모든 자원이 "소셜 그래프 안의 좋은 내용물"이 되도록 한다. 비디오 또는 신문기사가 페이스북 상태 업데이트로 올리면 제목과 설명이 OGP를 통해 들어오게 된다.

실제로 자신들의 자료를 연계된 공개 자료로 활용되도록 하는 수많은 기관이나 서비스가 있는데 Linking Open Data 클라우드 도표는 (아마도 모두는 아니어도) 이들과 이들 사이의 많은 연결을 보여준다. 이 도표의 최근 판 자료는 전체로 200억 개 넘는 주제-서술-대상 3종을 가지고 있다. 시간을 두고 점점 더 많은 자료가 연계된 자료로 활용 가능해졌고 틀림없이 앞으로 더 많이 생길 것이다.

많을수록 더 좋다

네트워크 연결을 통해 지식을 풍부하게 하는 것은 좋은 생각처럼 들린다. 우리는 인터넷 자체를 이야기하고 있는 것이고, 인터넷이 좋은 것이 아니라고 주장하기는 어렵다. 인터넷에서 나온 기술들은 친숙해져서 일상생활에서의 활용은 잘 이해되고 있다. 그러나 연계된 자료가 어떻게 쓰일 수 있는지는 덜 명확하다.

버너스리와 그의 동료들이 시맨틱 웹의 모습을 처음 밝혔을 때 비잔 파르시아Bijan Parsia는 "시맨틱 웹에 대해 우호적인, 간단하지만 일리 있는 주장"이라는 제목의 아주 훌륭한 짧은 글을 썼다(슬프고 어쩐지 우습지만 이 글은 발행한 사이트와 함께 웹에서 사라졌고 "Internet Archive's Wayback Machine" 사이트를 통해서만 볼 수 있다). 파르시아의 간단하지만 일리 있는 주장에는, 웹 링크는 지금처럼 "글이 없는데", 즉 링크는 웹 페이지 A

에서 웹 페이지 B로의 단순한 포인터일 뿐 이들 두 페이지 사이에 왜 있는지에 대한 맥락을 담고 있지 않다. 그럼에도 네트워크 분석은 강력한 도구여서 네트워크에 글이 아닌 링크만 있어도 네트워크 분석을 이용하여 구글은 놀랄 만한 도구와 서비스들을 만들어냈다. 그러므로 파르시아는 웹 링크에 글이 쓰여 있다면 구글(그리고 네트워크 분석에 의존하는 다른 도구)은 더욱 괄목할 만한 도구와 서비스를 만들었을 것이라고 주장한다. 파르시아의 간단한 주장을 더 간단히 말하면 더 많은 자료가 더 좋다가 된다.

"많을수록 더 좋다"에 대해 논란이 있겠지만, 즉 급격하게 많아지는 자료에 대해 '자료 홍수'(이런 현상에 대한 모든 용어들 중에)라는 논의를 백 년 동안 해왔다. 그러나 점점 더 많아지는 자료는 그 자료를 활용하는 도구와 서비스들이 만들어지도록 했다. 전문 검색을 하는 알타비스타AltaVista 그리고 익사이트Excite 같은 검색엔진이 1990년대 중반 등장했고 갑자기 더 많은 자료를 활용하는 알고리즘을 가지고 구글이 나타났다. 전문 검색 위에 네트워크 분석을 겹쳐 구글은 모든 검색엔진 시장을 바꾸었다. 자료를 활용하는 방법에서 온라인에 있었지만 이전에 아무도 그런 방법으로 활용할 생각을 한 적이 없던 혁신은 인터넷의 일용 양식이 된 것 같다. 자료만 있으면 누군가 어디에선가 어떻게 사용할지를 알아낼 것이다. 이는 당신이 즐거워할 일이 아닐 수도 있고(정보 당국 밖의 사람들 중 핸드폰 메타데이터를 국가안보국이 이용하는 데 대해 즐거워할 사람은 거의 없다) 어쩌면 당신의 사업 모델을 망칠지도 모른다(구글이 알타비스타에 그랬듯이). 그러나 혁신을 북돋아 주는 환경을 만드는 큰 그림으로 보면 분명히 많을수록 더 좋다.

schema.org

웹 위의 구조화된 자료를 만드는 과제를 단순화하는 아주 중요한 프로젝트가 schema.org이다. schema.org는 희귀종으로서, 어떤 일에도 좀처럼 협력하지 않는 구글, 마이크로소프트 그리고 야후 간 협업의 산물이다. 이들은 검색 사업에 관해 중요한 사업상 이해관계를 가진 회사들로서 schema.org는 그들의 이해관계 모두에 아주 직접적인 관계가 있다. Schema.org는 웹 페이지 안에 메타데이터를 깔아 넣는 스펙인 마이크로데이터에 기반을 두고 있다. 3장에서 논의한 〈meta〉 태그는 메타데이터가 웹 페이지의 〈head〉 부분에 포함되도록 한다. 마이크로데이터 그리고 schema.org는 보다 더 나아가서 메타데이터가 웹 페이지 어디에서든 쓰일 수 있게 한다.

schema.org를 어떻게 사용하는가로 이 책보다 더 두꺼운 책 전부를 채울 수 있다(이 책에서는 아주 잠깐 다룬 모든 스키마들과 어휘집도 마찬가지다). 여기 이 책을 예로 schema.org 작동 방식에 대한 개관을 해보자.

Schema.org는 HTML 〈div〉 태그에 의존하는데 웹 페이지의 절 또는 부문을 정하는 것이다. MIT press 사이트의 웹 페이지에 이 책이 포함된 필수 지식 시리즈에서 책을 위한 부분이 있다고 가정하자. 그 부분의 〈div〉는 이렇게 보일 것이다.

〈div〉

〈img src="metadata-bookcover.jpg"〉

〈h1〉〈a href="http://mitpress.mit.edu/books/metadata"〉Metadata〈/a〉〈/h1〉

〈span〉by〈a href="http://mitpress.mit.edu/authors/jeffrey-pomerantzpomerantz"〉Jeffrey Pomerantz〈/a〉〈/span〉

〈span〉Everything we need to know about metadata, the usually invisible infrastructure for information with which we interact every day. 〈/span〉

〈/div〉

이 마크업을 풀어 쓰면 이 절은 책 표지의 이미지, 책에 대한 웹 페이지로의 링크이기도 한 제목, 저자에 관한 웹 페이지 링크인 저자 이름 그리고 책에 대한 간단한 안내문을 담고 있다. 다음은 같은 부분을 schema.org 메타데이터로 마크업 해 놓은 것이다.

```
〈div itemscope itemtype="http://schema.org/Book"〉

〈img itemprop="image" src="metadata-bookcover.jpg"〉

〈h1 itemprop="name"〉〈a href="http://mitpress.mit.edu/
books/metadata"〉Metadata〈/a〉〈/h1〉

〈span itemprop="author"〉by 〈a href="http://mitpress.
mit.edu/authors/jeffrey-pomerantz"〉Jeffrey
Pomerantz〈/a〉〈/span〉

〈span itemprop="description"〉Everything we need to
know about metadata, the usually invisible infrastructure
for information with which we interact every day.
〈/span〉

〈/div〉
```

div 태그를 시작하는 itemscope라는 성분은 이 부분이 하나의 아이템에 관한 것임을 밝힌다. Itemtype 성분은 이 부분에 사용된 아이템의 유형(책)을 밝히면서 schema.org에서 그 유형에 대해 공개된 제공 URL이 있음을 시사한다. 이 웹 페이지를 분석하는, 즉 schema.org 메타데이터 역시 해석할 수 있는 모든 응용 프로그램은 아이템 유형이 책인 것의 내용을 해석할 수 있는데 그 이유는 이것들이 URL에 열거되어 있기 때문이다.

Schema.org는 아이템 유형 책을 위해 많은 내용물을 보여준다. 이들 중 어떤 것들은 이미지, 이름, 저자, 그리고 서술들인데 위에 쓰여 있다. 모든 내용물은 특정 유형의 자료이다. 즉 이름 그리고 서술은 문장이고 저자는 사람 또는 조직, 이미지는 URL이 있다. 모든 자료 유형은 또 속성을 가지고 있는데, 예를 들어 개인은 출생일과 사망일이 있으며(자료 유형: 날짜), 소속(자료 유형: 조직) 그리고 주소(자료 유형: 우편 주소)를 가진다.

Schema.org에서 유형은 계층구조를 가진다. 사람은 예를 들면 사물의 한 유형인데 schema.org 안에서 가장 높은 수준의 실체이다. 우편 주소는 접촉점의 자손 실체로서, 사물의 자손인 무형물의 자손인 구조화된 값의 자손이다. 자손 실체는 부모로부터 속성들을 물려받으므로 예를 들어서 우편 주소는 서술이 있어야만 하는데 그것이 사물의 속성이기 때문이다. 이것은 2장의 시애틀의 예에서 본 것과 같은 계층적 구조이다.

이것들은 모두 잘되어 있다. 그러나 실제로 schema.org가 어떻게 이용되는가? 다행히 이 질문은 schema.org의 연계된 공개 자료에 대한 질문에 답하는 것보다 일반적으로 더 간단하다.

그리고 그 대답은 구글에 가서 "MIT press matadata"를 검색해 보면 된다. 아마도 첫 번째 결과로는 MIT press 웹 사이트에서 이 책의 링크를 얻는 것일 것이다. 그 페이지를 모두 클릭하지 말고, 대신 링크 밑에 있는 2줄짜리 단편 정보를 보라. 단편 정보는 위에 있는 schema.org 마크업의 예에서의 서술에 있는 안내문인 것에 주목하자. 왜 그 문장이 구글 검색 결과에서 나타나는가? MIT Press 웹 사이트 안에 있는 이 책 웹 페이지 HTML 마크업이 서술이 위치한 부분을 알려주기 때문이다. 구글 웹 자동 검색기(크롤러)는 단순히 그 마크업이 올바르다고 보고 그 문장을 택한다.

이것은 변변치 않은 예로 서술의 내용물만 이 검색 결과에 나타난다. 그러나 많은 조직들은 schema.org 마크업을 훨씬 폭넓게 활용하여 구글(그리고 다른 검색 도구들)이 훨씬 더 세련된 검색 결과를 제공할 수 있게 한다. 이것의 아주 훌륭한 예는 조리법을 찾는 것이다. 구글에서 "초콜릿 칩 쿠키 조리법" 또는 당신이 원하는 조리법을 찾아보라. 검색 박스 하단에 검색 도구 버튼이 보이면 클릭하고 재료, 조리 시간, 그리고 영양가 같은 몇 개의 메뉴가 펼쳐진다. 만약 땅콩 알레르기가 있다고 가정하자 그러면 땅콩이 있는 조리법이 포함되지 않도록 검색에서 찾는 조리법의 재료 목록을 제한할 수 있다. 다이어트 중이라면 100칼로리 이하만 포함하도록 조리법 목록을 제한할 수 있다.

구글은 어떻게 이 일을 하는가? 간단한 대답은, schema.org 이다. 아마도 이 초콜릿 칩 쿠키 검색에서 찾아진 모든 조리법들은 모두 schema.org 메타데이터로 마크업 되어 있을 것이다. 조리법의 모든 성분은 재료(itemprop="ingredient"), 준비사항(item="preparation") 산출량(itemprop="yield"), 영양가(itemprop="calories") 등을 포함하여 schema.org로 정해질 수 있다.

Schema.org에는 두 종류가 있는데, 실체와 속성들의 조합 그리고 이들 실체들의 자료를 웹 페이지에 내장하기 위한 문법이다. 이 구조화된 자료가 웹 페이지에 내장되면 구글, 빙, 야후 그리고 schema.org를 읽을 수 있는 다른 모든 검색 도구는 이것을 이용하여 사용자가 대단히 독자적이고 걸러진 검색을 할 수 있도록 한다. 구글에서 "땅콩 없고 100칼로리 이하의 초콜릿 칩 쿠키 조리법"을 검색하면 상당히 유용한 결과를 얻긴 하겠지만 검색 도구 메뉴를 사용할 때는 좀 더 정확해야 할 것이다.

결국 이것이 시맨틱 웹의 약속이고 파르시아의 "많을수록 더 좋다"는 주장에 대한 확증이다. 웹에 더 많은 자료가 있을

수록 그리고 특히 웹 페이지에 내장된 자료가 많을수록 그 자료로 더 많은 서비스를 통해 사용자가 웹이라는 대단히 넓은 공간을 돌아다니는 데 도움이 될 수 있다. 그리고 그 자료가 공개된 양식으로 마음대로 사용 가능하면 새로운 응용 프로그램이 만들어져서 새로운 서비스를 제공할 수 있다. 이들 새로운 서비스를 개발하는 것은 보통은 웹 위의 큰 사업자―구글, 마이크로소프트, 그리고 야후―인데 항상 그런 것만은 아니다. 공개된 자료는 혁신을 장려하는 환경을 만들고 누구라도, 어디에서 건 유용한 도구와 서비스를 만들어낼 수 있다.

결론

시맨틱 웹의 미래는 알고리즘이나 다른 형태의 소프트웨어 에이전트Agents가 인간 사용자 대신 자동적으로 과제를 수행하기 위해 이용하는 '자료의 웹'이다. 이 꿈을 이루기 위해 시맨틱 웹은 서비스 간에 주고받는 자원에 관한 구조화된 자료와 메타데이터에 의존한다.

구조화된 자료가 시맨틱 웹의 이 꿈을 이루기 위해 필요하지만 충분하지는 않다. 자료가 구조화되어야 할 뿐 아니라 그 구조가 널리 공유된 표준을 준수해야 한다. 만일 모든 웹 서비스가 자료를 구조화하기 위한 고유의 스키마를 개발한다면 모든 마을과 도시가 각자 고유의 소화전을 만든 것과 마찬가지여서 각자의 소방 호스가 다른 소방서의 소화전과 맞지 않으므로 소방서 간에 협조를 할 수 없게 된다. 모든 사람이 또는 거의 모든 사람이 같은 표준을 사용할 때 폭넓은 협조가 가능해 진다.

이 장을 시작할 때의 인용구가 연계 자료에 대한 이 사항을 명확히 하고 있다. 어떤 종류의 자원에 서술이 필요하더라도 그것을 서술하기 위한 스키마 또는 통제 어휘 또는 시소러스가 이미 개발되어 있다. 화재 생태학을 묘사하고 싶은가? 철도? 해상 유전? 천체? 웹 서비스? 세상의 누군가가 이미 쓸 만한 시소러스를 만들어놓았을 것이다. 아마도 이것들 중 대부분은 무료는 아닐 것이다. 작은 시장의 분류 체계를 개발하는 조그만 시장도 존재하므로. 그러나 특허 등록된 표준을 사용하는 경우에는 세상 전체는 아니어도 그 등록된 표준을 이용하는 다른 사람들과 자료를 공유할 수 있게 된다. 물론 사용되는 표준이 공개되어 있을 때, 즉 무료로 쓸 수 있을 경우만 연계된 공개 자료가 된다. 이 장 서두의 인용구는 공개든 폐쇄든 공유된 표준에 대한 주장이었다. 당신의 수요에 맞는 바퀴가 이미 개발되어 있으니 거의 완벽한 바퀴를 다시 만들지 말라.

8

메타데이터의 미래

1장에서 보았듯이 메타데이터는 도서관 운영에 기본적인 것이다. 칼리마쿠스 시대에 이 말이 사실이었고 오늘날도 마찬가지이다. 도서관뿐만 아니라 다양한 유형의 기관들이 가지고 있는 많은 유형의 자원 소장품이 있다. 메타데이터는 이런 모든 유형의 소장품 운영에 기본적이다. 유비쿼터스 컴퓨팅과 구조화된 자료가 있는 현재에는 아마도 메타데이터가 이전보다 더 중요할 것이다. 온라인 자원의 양과 다양성이 증가하면서 메타데이터는 미래에도 계속 기본적인 것이 될 것이다.

도서관 분야에서 지금 현재 진행되고 있는 재미있는 프로젝트들 중에는 유로피아나Europeana 그리고 DPLA(미국 디지털 공공 도서관)가 있다. 양 쪽 모두 디지털화로 온라인에서 이용할 수 있게 만든 문화유산 기관(도서관, 아카이브 그리고 박물관)의 소장품들이다. 이들 디지털화된 자료를 별도로 호스트하는 사이트는 없고 모든 디지털 대상물은 문화유산 기관들이 직접 호스트하고 있다. (유로피아나는 파트너스 그리고 미국 디지털 공공 도서관은 허브라고 부른다.) 유로피아나 그리고 미국 디지털 공공 도서관의 역할은 포탈과 같아서 사용자가 검색, 브라우저, 그리고 응용프로그램 접속(API)을 통해 이들 자원에 접속할 수 있게 하는 기능을 제공한다.

메타데이터는 이 기능을 제공하는 데 중심이다. 유로피아나와 미국 디지털 공공 도서관 모두 독자적인 메타데이터 스키마를 만들었는데 EDM(유로피아나 자료 모델)과 MAP(미국 디지털 공공 도서관 메타데이터 응용프로그램 규격)이다. 이들 둘 다 추출 모델과 함께 추출 모델 속에 있는 각 실체(클라스)의 고유한 특성을 자세히 적어놓고 있다. 예를 들면 두 메타데이터 모두 문화유산 자체(미국 디지털 공공 도서관은 원천 자원 클라스라고 부르는)와 원천 자원의 디지털 표현물인 웹 자원과 구별하고 있다. 양쪽은 다른 유형의 실체도 적시하고 있는데 원천 자원 또는 디지털 자원, 장소, 시간의 모듬 및 소장품에 대해서이다. EDM과 MAP 모두는 이들 실체들의 속성을 적고 있다. 예를 들면 EDM과 MAP의 원천 자원 속성은 작가, 설명, 주제, 제목, 부분, 참조, 대체 그리고 다른 15 더블린 코어 성분과 더블린 코어 용어의 많은 것들을 포함하고 있다. 몇 가지의 특별한 속성들을 EDM이 개발했고 후에 MAP도 채택하고 있는데 설립, 파생, 그리고 유사 같은 것이다. EDM(MAP 역시)은 다른 메타데이터 스키마로부터의 성분도 합쳤는데 OAI-OREOpen Archives Initiative Object Reuse and Exchange와 CC REL이다.

줄여 이야기하면 유로피아나와 DPLA는 다른 몇 개 용례를 위해 메타데이터 스키마를 만들었고 문화유산 분야를 설명하는 데 관련이 있는 성분들을 골라서 목적에 따라 맞춤식 자료 모델과 성분 조합을 만들었다. 이렇게 하면서 유로피아나와 DPLA는 분야별 메타데이터를 개발하는 움직임의 최선봉에 있다.

영역 특화 메타데이터

판도라는 메타데이터를 폭넓게 사용하는 인기 있는 온라인 음악 서비스이다. 판도라의 핵심은 음악 유전자 프로젝트Music Genome Project인데 하나의 음악을 묘사하는 데 사용되는 약 450 속성으로 되어 있다. 이 속성들은 메타데이터 스키마의 성분과 동일한 것으로 비교적 간단한 것(키, 속도, 분당 비트, 가수의 성별)부터 아주 주관적인 범위(음성의 특성, 악기의 왜곡 정도)까지 포함한다. 판도라는 판도라가 판권을 산 모든 음악을 듣고 모든 음악에 대해 관련 있는 이 수백 개의 속성에 따라 서술하는 한 무리의 음악가들을 고용하고 있다. 속성은 성분과 동일한 개념으로 판도라 팀이 값을 정한다. 값이 선택되는 통제 어휘들은 직설적인데 으뜸음 값의 조합(가 나 다 그리고 장조 단조), 분당 비트(정수형), 속도(아다지오, 안단테, 알레그로 등) 그리고 가수의 성별 같은 것이다. 그중 어떤 값들은 판도라의 고유한 것이고 대단히 경쟁이 심한 음악 시장에서 판도라가 가진 부가가치이다.

서술식 메타데이터를 디지털화된 음악 파일에 적용하기는

쉽지만 잘 하기는 어렵다. 음악은 매우 빨리 진화하며, 대단히 주관적인 경험이기 때문이다. 음악 유전자 프로젝트에서 정의된 어떤 속성들은 상당히 안정적인데 예를 들어서 키, 속도, 그리고 분당 비트 수 값의 조합 같은 것들이다. 다른 한편으로 어떤 속성의 값을 제공하는 어휘들은 음악의 장르와 음악을 기록 처리하는 기술이 진화하면서 시대에 따라 변한다. 예를 들어 '하우스뮤직house music'이라는 장르는 대단히 많은 하위 장르가 있을 뿐 아니라 음악 혁신이 활발한 분야이므로 새로운 하위 장르가 계속 등장한다. 판도라가 '컴플렉스트로 Complextro', '더치 하우스Dutch house', '뭄바톤Moombahton', '누디스코 Nu-disco' 그리고 하우스뮤직의 종속 장르로 어떤 음악이 앞으로 나오든지 '장르'라는 속성에 사용되는 통제 어휘 속에 값이 추가될 것이다. 그러므로 판도라 그리고 모든 다른 음악 서비스들은 속성과 거기에 값을 제공하는 통제 어휘를 합쳐놓은 메타데이터를 끊임없이 개정해야 하는 어려움이 있다. 사람들이 설명이 잘되어 있으리라 기대하는 클래식 음악도 같은 도전에 직면해 있다. 온라인 음악 서비스에서 동일 음악을 다른 여러 연주자이 녹음한 경우 메타데이터로 작곡가와 연주자의 차이를 항상 정확히 파악하지는 못한다. 이런 저런 이유로 클래식 음악에 대한 서술식 메타데이터는 활발히 발전하는 분야이다.

물론 음악이 독자적인 메타데이터가 존재하는 유일한 영역은 아니다. 예를 들어서 교육 분야는 메타데이터와 상당히 긴 역사를 가졌다. 2002년에 IEEE(전기 전자 엔지니어 연구소) 표준에서 '학습물', 즉 한 가지 학습 목표를 가르치고 배우는 데 사용될 수 있는 대부분의 경우(반드시는 아니고) 디지털 자원인 학습물을 서술하기 위하여 학습물 메타데이터LOM를 개발했다. 학습물 메타데이터는 몇 개의 범주와 그 범주 안에 그것을 설명하는 성분 조합들을 가지고 있다. 예를 들어서 교육 구분은 전형적인 연령대, 전형적인 학습 시기 같은 성분을 가지고 있고 권리 구분은 저작권 성분을 가지고 있다. K-12 그리고 고등교육에서 사용되는 많은 학습 관리 시스템LMS은 학습물 메타데이터LOM를 지원하는 기능을 가지고 있어서 학습물 메타데이터만 있으면 학습물 또는 학습물 조합을 관련 학습물 관리 시스템으로 옮겨 올 수 있다.

더욱이 교육 분야는 메타데이터 개발이 활발한 분야이다. 고등 교육에서 전통적으로 표준화에 저항한 영역이 성적표이다. 고등 교육의 많은 기관들이 동일한 기업 시스템을 사용하는 반면에 학생들의 성적표는 아직도 인쇄해서 우편으로 보낸다. 그러나 최근 파치먼트Parchment 같은 회사가 학생, 학과, 학과목 같은 실체를 표현하는 스키마를 개발하고 있어서 학교들이 학생의 성적표 등등 여러 가지를 송수신하도록 한다.

출판은 메타데이터와 오랜 역사를 지내왔고 활발한 개발이 진행 중인 또 다른 분야이다. 출판 메타데이터는 전통적으로 간단한 서술식 메타데이터 즉 출판사, 출판일자, ISBN 등으로 구성된다. 전자책의 등장 그리고 아마존 킨들 다이렉트 퍼블리싱Kindle Direct Publishing, 룰루, 그리고 여러 가지 자가 출판 플랫폼이 성장하면서 각 서비스의 메타데이터의 풍부함과 질이 독자들이 도서를 발견 하느냐 여부에 중요하다는 것을 출판사(자가 출판)들이 알고 있다.

APIs Application Programming Interface

응용 프로그램 인터페이스APIs: Application Programming Interface는 웹 위에서 메타데이터를 가장 재미있게 사용하는 예인데, 아직도 종종 메타데이터의 응용으로 여겨지지 않고 있다. API는 대부분 웹 서비스인 어떤 소프트웨어와 상호작용하는 데 이용되는 기능들의 조합이다. 대부분의 웹 서비스들은(트위터, 유튜브, 플리커, 굿리즈, 에버노트, 드롭박스 등) APIs를 가지고 있다. 어떤 웹 서비스는 여러 개의 APIs를 가지고 있다. 아마존은 자신들의 제품, 대금 지급, 웹 서비스, 킨들, 그리고 사업의 여러 부분들을 위한 각각의 APIs를 가지고 있다. 구글 역시 대부분의 제품들마다 APIs를 갖고 있다. 응용 프로그램 접속장치APIs는 양방향인 경우가 많은데 여러 기능들은 사용자가 웹 서비스에서 또는 웹 서비스로 자료를 송출하거나 옮겨올 수 있게 한다.

플리커, 유튜브, 아마존 같은 웹 서비스는 잘 만들어진 사용자 접속 장치를 가지고 있다. 이들의 프론트엔드front end에 있는 접속 장치들은 일반적으로 각 서비스가 호스트하고 있는 자원(사진, 비디오, 제품 등)과 사용자가 상호작용할 수 있게 하는 기능을 많이 가지고 있다. 그러나 APIs는 이런 프론트엔드를 둘러싸고 엔드런(풋볼 경기에서 측면 주위를 폭넓게 활용하는 전략) 비슷한 기능을 제공해 자원과 메타데이터 양쪽과 상호작용을 가능하게도 한다. APIs는 은밀한 뒷문이 아니고 웹 서비스와, 종종 소프트웨어 에이전트 같은 알고리즘과 상호작용하는 대체 수단을 제공하기 위해 의도적으로 만들어졌다.

APIs의 자료가 무엇이며, 메타데이터는 무엇인지가 대체로 보는 사람의 눈에 달린 분야이다. 웹 서비스의 관점에서 보면 APIs를 통해 제공되는 모든 것은 자료이다. 왜냐하면 얼마나 다른 종류의 자료가 저장되었는지 아무런 구분이 없고 APIs는 자원과 메타데이터 양쪽 모두에 접속을 제공하기 때문이다. 데이터베이스의 실체-관계 모델은 자원인 자료와 메타데이터인 자료를 구분하지 않고 그냥 자료로 여길 뿐이다. 그러나 다른 관점에서 보면 자원 자체만이 자료이고(트윗 자체, 유튜브의 영상물, 박물관 웹 사이트에 담겨 있는 디지털 대상물 등) 다른 것들은 그것의 메타데이터이다.

웹 서비스가 확산되면서 APIs도 함께 확산되었다. 실제로 어떤 APIs는 프론트엔드에 있는 관련된 웹 사이트와 트래픽이 비슷하거나 또는 더 많다. 이것이 이 장에서 메타데이터의 미래에 대해 논의할 필요가 있는 이유이다. APIs는 자원 관련 메타데이터에 접속하는 점점 더 인기 있는 장치가 되고 있다.

물론 APIs는 웹 서비스의 '생태계' 안에서 각 개인들이 응용 프로그램을 만들 수 있도록 하는데, 그 응용 프로그램은 예를 들어 맞춤식 유튜브 재생 목록을 만들거나 두 개 또는 그 이상의 서비스로부터 자료를 모아 오도록 하기도 한다. DPLA는 특히 APIs의 자료를 활용하는 앱 개발을 장려하고 또 이것들을 앱 도서관을 통해 보여 주기도 한다. 이 앱들 중 아주 재미있는 것 하나가 DPLA 지도인데 사용자의 현 위치에서 가까운 DPLA의 자원을 찾아주는 앱이고, WikipeDPLA는 미국 디지털 공공 도서관의 관련 자료에 연결되는 링크를 위키피디아에 넣는 브라우저 플러그인이다.

IFTTT(이렇게 되면 저렇게 된다)는 다른 서비스에서 제공하는 APIs 덕분에 존재하는 것이다. IFTTT는 사용자가 어떤 경우를 조건으로 하여 어떤 서비스의 APIs에서 자료를 내보내고 다른 서비스의 APIs로 받도록 하는 '지시서'를 만들 수 있게 한다. 예를 들어 어느 사람의 핏비트Fitbit 활동 기록은 매일 한 번씩 구글 스프레드시트에 추가되고, 자기 머리 위에 국제 우주 정거장이 올 때마다 문자 메시지를 받게 하거나 그 사람이 어느 특정 지역에 들어갈 때 특정 온도로 온도 조절기를 맞출 수 있다. 이렇게 IFTTT는 150여 개(이 책을 쓰는 시점에) 서비스 모두로부터 구조화된 자료를 연결하는 방식을 제공한다.

APIs는 서비스에 저장된 메타데이터에 알고리즘이 접속되도록 한다. 7장의 병원 약속 일정 잡기의 예를 상기해 보면 이것이 정확히 버너스리와 그 동료들이 그린 시맨틱 모습이다. 서비스들이 APIs을 통해 더 많은 자료를 이용할 수 있게 하면 다른 서비스에는 그 자료를 활용한 또 다른 서비스들이 만들어진다. IFTTT는 아직 병원 약속을 잡을 만큼 충분히 정리되어 있지는 않지만 분명히 그 방향으로 발걸음을 내딛고 있다.

데이비드 와인버거는 그의 *Small Pieces Loosely Joined*라는 잘 쓴 책에서 웹에 대해 '통일된 이론'을 자세히 밝혔는데, 작은 조각들로 구성되어 있고 느슨하게 엮여 있다고 적었다. 한마디로 얘기하면 와인버거의 논문은 웹이 커다란 실체들을 터뜨려 버렸다고 썼다. 문서의 예를 들어보면 대량의 문장은 더 이상 책이라고 부르는 통합된 실체로서 묶여 있을 필요 없이 대신 링크로 느슨하게 연결된 작은 실체들로 하나의 문장이 만들어질 수 있다. 와인버거의 책으로 미리 알 수 있는 것은 다른 종류의 실체들, 특히 자료 조합 그리고 서비스에도 맞는 말이라는 것이다.

무엇이 과연 웹을 느슨하게 엮인 작은 조각으로 만들어지도록 하는 것일까? 메타데이터……. 필요한 자료를 확보하기 위해 비록 다른 서비스들에 의존하지만 구조화된 자료를 서로 왕래 가능하게 하는 것이 온라인 서비스로 하여금 작아도 초점이 생기게 만든다. 비잔 파르시아의 "많을수록 더 좋아진다"라는 시맨틱 웹에 대한 주장은 더 많은 자료가 자유롭게 이용될 수 있을 때 그 자료를 이용하는 더 많은 도구와 서비스들이 만들어질 수 있다는 것이다. 시맨틱 웹에 대한 버너스리의 꿈은 메타데이터를 왕래시키는 작은 조각으로 만들어진 자료 웹(Web of Data)의 존재가 전제되어 있는 것이다. 자료 웹은 사실 메타데이터 웹이라고 불릴 수도 있는 것이다.

eScience

점점 더 많은 자료가 사용 가능하게 되고 느슨하게 연결된 작은 조각을 통해 엄청 난 이익이 가능한 영역이 eScience이다. eScience는 계산과 자료 중심의 연구와 분석이고 통상 '빅

데이터'라고 부르는 것을, 물론 이것에 국한된 것은 아니지만, 포함하고 있다.

물론 무엇이 정확히 '빅 데이터'인지에 대해 많은 논쟁이 있는데 예를 들어서 인간 유전자 프로젝트는 빅 데이터 과학으로 간주될 수 있겠지만 인간 유전자 전체가 200GB인데 비해 LHC(대형 강입자 가속기)는 비슷한 양의 자료를 5분 만에 만들어낸다. 자료의 양과 관계없이 대부분의 eScience 프로젝트는 분석을 하기 위해 집중적인 계산 작업이 필요하고 일기 예보 모델에서는 점점 더 자세하고 정확한 예보를 위해 점점 더 강력한 슈퍼컴퓨터가 채용되고 있다.

한 개인, 심지어 한 무리의 사람에게도 전체를 파악하기에 '단지' 200GB는 너무나 큰 자료이다. 여기에 메타데이터가 필요하다. 자료 조합의 대용품으로서 메타데이터 기록은 관심 있는 연구자에게 자료 조합 자체보다도 접근점으로서 더 편리한데, 도서관의 목록이나 아마존에 있는 하나의 입력 내용이 관심 있는 독자에게는 접근점으로서 더 유용한 것과 마찬가지이다. 우선은 유용한 자료 조합(책)을 찾아내야 하고 그 후에 비로소 그것을 실제로 활용하게 된다.

자원 검색을 위한 서술식 메타데이터는 eScience를 가능하게 하고 출처 메타데이터는 eScience의 산출물에 신뢰를 준다. 출판된 전문지 논문과 관련 있는 그리고 전문지 출판사가 호스트하는 자료 조합은 동료 검토한 학술 논문 관련 인쇄 허가로 인정받는다. 연구자가 스스로 보관하는 자료 조합은 자료 조합으로서 권위가 덜 명확하다. 자료 조합의 출처에 대한 메타데이터는 그 자료의 모든 종류의 미래 활용에 중요하다.

자료 조합의 출처는 두 단계로 다루어지는데 전체로서 자료 조합 그리고 그 안에 있는 개별 값이다. 어느 자료 조합의 출처 메타데이터는 자금 지원 기관, 자료 수집에 관여한 연구자들 이름, 연구에서 채용한 방법론 같은 설명을 담고 있다. 자료 조합의 개별 값에 대한 출처 메타데이터는 특정 자료를 수집하는 데 채용한 방법 그리고 어느 특정 자료를 만든 분석들 그리고 변형들과 같은 내용을 담고 있다.

자료 조합 안에 있는 개별 값에 대한 출처 메타데이터는 '패러데이터'로 부르는데 5장에서 '패러데이터'가 학습물에 대한 사용 메타데이터를 지칭한 바 있어서 약간은 혼란스럽다. 그러나 출처 메타데이터의 관점에서는 패러데이터는 자료가 수집되는 과정에 대해 자동적으로 파악되는 정보에 대한 용어이다. 예를 들어서 전화 조사 자료 조합에 대한 패러데이터는 개별 통화의 날짜와 시간, 아무도 받지 않은 것은 어떤 번호인가, 그리고 조사 담당자의 키 조작, 마우스 움직임 같은 것을 담고 있다. 즉 전화 조사 담당자가 사용한 시스템이 자동적으로 수집한 자료이다. 패러데이터는 자료 수집 시점에 만들어지고 자료 조합 산출에 대한 자료를 제공한다. 또 다른 유형의 출처 메타데이터는 '보조 데이터auxiliary data'인데 아직 덜 정리된 용어이다. 보조 데이터는 자료 조합 밖의 자료로 종종 여겨져 왔는데 다르게 말하면 자료 조합에 대한 모든 메타데이터이다. 좀 더 자세히 얘기한다면 보조 데이터는 다른 자료 조합으로부터 가져온 패러데이터와 변수들을 담고 있는데 인구 조사 또는 자료 조합을 만든 기관 외부의 원천으로부터의 인구통계적 자료 같은 것이다. 다른 범주의 출처 메타데이터를 설명하기 위한 용어가 확산되고 있는 것은 eScience에게 출처 메타데이터가 얼마나 중요한지를 시사하는 것이다.

파일의 이력을 저장하는 것은 점점 더 응용 프로그램의 기본 기능이 되었는데 모든 페이지에 대한 모든 편집 내용을 위키피디아가 저장하는 것 같은 것이다. 이 기능은 사용자가 어느 페이지에 대한 이력을 볼 수 있게 하고 각 편집을 행한 다른 사용자(최소한 IP 주소)를 그리고 왜 편집을 했는지에 대한 다른 사용자의 코멘트를 보도록 한다. 좀 더 확실한 이력 추적 기능은 eScience에 더욱 중요해지는데 위키피디아에 올린 글보다 과학적 자료 조합에 대한 신뢰가 더욱 중요하기 때문이다. eScience는 자원과 그것의 이력에 영향을 미친 실체들과의 관계를 확인 가능하게 하는 출처 메타데이터 가용성에 영향을 받는다.

메타데이터의 정치학

  과학적 장치 그리고 임상적 연구로 수집한 자료가 과학의 발전에 중요하지만 더 많은 사람들이 관심 있을 것 같은 자료는 본인들에 대한 자료이다. 소비재 제품과 서비스는 우리들 그리고 우리들의 행위에 대한 엄청난 양의 자료를 생성한다. 우리는 알면서도 개인의 사생활을 그런 제품과 서비스를 사용하는 편리함과 교환하고 있으며 서비스 협약 조건은 아무도 읽지 않지만 사용자에 대한 정보가 수집되고 분석되는 것을 규정하고 있다.

  많은 웹 서비스는 사용자 경험 속에서 더 높은 수준의 맞춤식과 개인화를 제공하기 위하여 사용자에 대한 자료를 수집 분석하고 있다. 구글 나우Google Now는 사용자에게 적극적으로 정보를 제공하는 서비스로서 현재의 교통 상황에 근거하여 공항으로 언제 출발해야 하는지와 가장 좋은 경로가 무엇인지 같은 것을 알려준다. 마이크로소프트의 코타나Cortana와 애플의 시리Siri 역시 비슷한 기능을 가지고 있다. 이런 서비스가 작동하려면 엄청난 양의 개인 자료에 접근할 필요가 있는데 사용자의 일정과 현재 위치에 접근할 수 있어야만 지금 공항으로 출발해야 한다는 안내를 제공할 수 있다.

  컴퓨팅 능력이 점점 더 매일 사용하는 일상적인 사물에 심어지는데 스마트폰이나 가전제품뿐 아니라 자동차, 도로 그리고 다리, 의료 장치, 건물 안의 감시 통제 시스템까지 등등이다. 이런 사물 인터넷의 등장 — 인터넷의 확장으로 폭넓은 물리적 대상물에 심어져 있는 컴퓨팅 장치 — 은 구조화된 자료의 수집과 분석에 전적으로 달려 있다. 이들 자료 중 어떤 것은 환경 관련이고 개인들과는 관련이 없긴 하지만 아직 많은 것들이 개인적이고 심지어 사생활에 관한 것이다. 그리고 의료 약속 일정 잡기의 예에서처럼 사물 인터넷이 작동하고 그것의 잠재력을 채우려면 이들 자료의 많은 것들이 서비스 간에 공유되어야만 한다.

우리는 대체로 우리가 사용하고 등록한 서비스들이 개인 자료들을 자기들과 그 협력사끼리만 보유한다고 믿는다. 예를 들어서 아마존이 내 구매 습관에 대해 수집한 자료는 아마존에 나와의 거래를 유지하는 데 경쟁 우위를 갖게 한다. 물론 각 회사들이 그들의 협력 회사들과는 자료를 공유하는 것을 알고 있고 일반적으로는 그런 공유를 허용할지 말지에 대한 선택권을 가지고 있다. 아마도 우리는 스스로 속고 있는 것이지만 우리의 자료가 설령 사유화되지는 않더라도 최소한 제한되고 있다고 대체로 생각한다.

그렇다면 국가안보국이 전화 메타데이터를 수집하고 있다는 뉴스가 사생활 침해처럼 느껴지는 이유는 뭘까? 그것은 전화 회사가 우리 통화에 대한 자료를 수집했다는 것에 대한 게 아니다. 이 자료가 우리의 동의 없이 다른 기관에 전달되었다는 그리고 우리가 기대한 신뢰를 어겼다는 폭로이다.

통신사와 정부는 "메타데이터"란 용어가 나오기 훨씬 전부터 통화에 대한 메타데이터를 수집해 왔다. 아마 이런 유형의 데이터 잔해를 조직적으로 수집하는 최초의 기술 중 하나가 발신 추적 장치인데 전보 시대의 용어이다. 발신 추적 장치는 미국 법전(Title 18, Part II, Chapter 206, §3127)에 "전신 또는 전기 통신이 전송된 설비 또는 시설에서 전송된 번호 돌리기, 선로 찾기, 주소 찾기 또는 신호 정보를 기록 또는 해석하는 장치 또는 과정"이라고 정의하고 있다. 좀 더 작게 초점을 맞춘 자료 수집은 trap and trace device(수신 추적 장치)로 실행되었는데 "발신 전화번호를 식별"하기 위한 또는 어느 전기 통신의 다른 발신 주소 자료만을 수집하는 것이다. 달리 이야기하면 발신 추적 장치와 수신 추적 장치는, 그것이 전보, 전화, 이메일, 문자, 또 다른 수단을 통하든지 상관없이 전기 통신에 대한 메타데이터 자료를 수집한다. 미국 법으로 송신 추적기 그리고 수신 추적 장치는 "어떤 통신의 내용물"을 수집할 수 없고 통화의 내용물을 녹음하는 것은 미국 법에서 도청에 해당된다. 그러나 문자 메시지 또는 트윗의 내용물은 대단히 많은 기록 안의 겨우 한 필드를 채우는 값일 뿐이다.

2013년 스노든 폭로에 대한 초기 반응 중 하나는 국가안보국이 도청한 것이 아니므로 염려할 이유가 없다는 입장이었다. 1967년 미국 대법원의 카츠Katz 대 연방정부 사례 이후 도청은 영장이 요구되는 반면 미국 법전 제목 18에 의해 송신 추적 또는 수신 추적 장치가 전기 통신에 대한 메타데이터를 수집할 수 있으므로 "단지 메타데이터일 뿐"이라는 주장은 유효한 법적인 입장이다.

그러나 1장에서 짧게 논의한 메타폰 연구를 상기해 보자. 스탠퍼드 법학대학원 인터넷과 사회 센터Stanford Law School Center for Internet and Society는 국가안보국의 전화 메타데이터 수집을 복제해 보려고 했다. 연구 참가자들은 각자의 스마트폰에 메타폰 응용 프로그램을 설치하고 이 응용 프로그램이 기기에 대한 자료를 수집했다. 이 자료는 다른 것들과 함께 연구 참가자가 전화 건 전화번호, 시간, 통화 시간을 담고 있고 공중 전화부를 추적하여 연구자들은 이들 수신 전화번호의 소유자, 직업 그리고 이름을 알아낼 수 있었다.

메타폰 연구자들은 "전화 메타데이터가 명백히 민감하다는 것을 알아냈다"고 적었다. 메타데이터는 문제가 아니지만 사생활 보호가 염려된다면 그것에서 만들어지는 추론이 문제이다. 예를 들어서 "건축자재점, 열쇠공, 조경업자 그리고 마약 관련 사업자에 전화했던 연구 참가자가 있다. 각각 이들 통화들은 비교적 무난한 것들로 각 통화를 각각 다른 연구 참여자들이 걸었다면 눈살 찌푸릴 만한 일이 아니다. 이 통화가 모두 연구 참여자 중 한 사람이 건 것이고 이 사람의 행동에 대해 추론을 할 수 있게 되었다는 것이 사실이다. 물론 추론은 기껏해야 상황 증거이고 추가 정보 없이는 우리 추론이 맞는지 여부에 대해 알 길이 없다. 그러나 전화 메타데이터가 분명히 민감한 자료가 되는 것은 이런 종류의 편견 있는 추론이 만들어질 수 있기 때문이다.

미국 수정 헌법 제4조는 다음과 같이 기록했다.

> 불합리한 압수와 수색에 대하여 신체, 주거, 서류, 물건의 안전을 확보할 국민의 권리는 침해되어서는 아니된다. ……

이것에 대한 예외는 제3자 원칙으로 알려져 있다. 이것은 1979년 미 대법원 스미스Smith 대 메리랜드Maryland 사례에 다음과 같이 요약되어 있는데 개인이 통신사 같은 제3자에게 자발적으로 제공한 자료에 대해 "합법적인 사생활 보호는 없다"고 되어 있다. 여기에서 자발적으로 제공된 자료는 계정을 만들기 위해 통신사에 제공해야 하는 개인 메타데이터 종류를 포함한다. 물론 여기에서의 '제3자'는 통신사에 국한된 것은 아니고 인터넷 서비스 제공자 또는 사람들이 정보를 제공하는 모든 사업체를 포함할 수 있다. 이 모든 자료들은 미국 수정 헌법 제4조에 위배되지 않고 영장 없는 법 집행으로 수집될 수 있다.

지금의 유비쿼터스 메타데이터 시대에서 제3자 원칙이 지속적으로 적절한 것인지 그리고 개정될 필요가 있는지 법률 분야에서 대단히 많은 논의가 있어 왔다. 특히 미 대법원 판사 소니아 소토마요르Sonia Sotomayor는 제3자 원칙이 "일상적인 일을 하는 과정에서 대단히 많은 개인의 정보를 제3자에게 노출하고 있는 디지털 시대에는 맞지 않는다"고 말했다. 소토마요르 판사는 데이터 잔해를 가리키면서 그런 자료가 얼마나 자발적으로 노출된 것인지가 분명치 않다고 했다.

앞으로 메타데이터-자발적으로 제공된 것 그리고 데이터 잔해 모두 심각한 법적 그리고 정치적 이슈가 될 것이다. 웹 자원을 서술 관리하기 위한 메타데이터, 응용 프로그램 접속 장치에 있는 메타데이터, 음악을 서술하는 메타데이터, 예술품과 과학적 자료 조합에 대한 출처 메타데이터, 이들 모두 그리고 더 많은 것들이 계속 진화할 것이고 이들 메타데이터를 관리하기 위해 도구들이 개발될 것이다. 이러한 메타데이터와 도구의 발전은 이미 시작되었지만 기술 산업의 모든 하부 분야를 성장시킬 것이다. 여전히 대부분의 사람이 더 관심 있어 하는 메타데이터는 그들 자신에 대한 메타데이터이고 그리고 누가 접근할 수 있는가이다. 이런 메타데이터에 대한 개인적인 연결은 법적, 정치적 논란을 불러올 수 있다. 스노든의 폭로가 '메타데이터'라는 단어를 사람들 눈에 띄게 했듯이 개인의 사생활 보호를 둘러싼 계속되는 논의의 맨 앞 그리고 가운데에 메타데이터가 자리할 것이다.

용어 해설

값Value
성분에 주어진 자료. 그 자료는 통제 어휘에서 선택되거나, 인코딩 스키마를 이용하여 만들어지거나 고유하게 만들어지기도 한다. **성분** 참조.

고유 식별자Unique identifier
하나의 대상물을 다른 대상물과 헷갈리지 않고 고유하게 식별하는 이름 또는 주소. 예를 들면 주소는 위치를 고유하게 식별하고 주민등록 번호는 어느 개인을 고유하게 식별한다.

관리 메타데이터Administrative metadata
대상물의 관리에 대해 알려주는 정보. 예를 들면 이 책은 MIT Press가 저작권을 가졌다.

구조적 메타데이터Structural metadata
자원이 어떻게 조직화되었는지에 대한 정보. 예를 들어 이 책은 8장으로 구성되어 있고 순서대로 되어 있다.

구조화된 자료Structured data
자료 모델에 따라 조직된 자료 조합.

권리 메타데이터Rights metadata
어느 자원에 대한 지적 재산권 정보.

기록Record
어느 하나의 자원에 대한 주제-서술-대상 설명의 조합으로 일반적으로는 하나의 스키마를 이용하여 만들어진다.

기술적 메타데이터Technical metadata
어느 시스템의 기능에 대한 정보. 예를 들어서 어느 카메라와 어느 특정 제조사, 모델 그리고 특정 X와 Y 해상도로 디지털 사진이 만들어졌다.

대상물 Object

서술식 메타데이터 주제인 다른 자원과 관계를 가진 자원으로 다른 자원을 서술하는 데 사용되는 자원. 예로는 모나리자의 작가로서 레오나르도 다빈치. **주제**와 **서술**을 참조.

더블린 코어 Dublin Core

모든 온라인 자원을 서술하는 데 필요한 핵심으로 개발된 성분 묶음.

보존 메타데이터 Preservation Metadata

대상물의 보존 절차를 지원하는 데 필요한 정보. 예를 들면 이 책은 상대습도 35%인 환경에 보관되어야 한다.

문법 인코딩 Syntax encoding

어느 특정 유형의 자료를 어떻게 표현하는가에 대한 규칙 조합. 예를 들면 ISO 8601은 날짜와 시간을 표현하기 위한 문법 인코딩 스키마이다.

비통제 어휘 Uncontrolled vocabulary

어느 성분의 값을 제공하는 데 사용되는 무한한 수의 용어 조합. 값으로 어느 단어와 구문이 사용될 수 있고 또는 새로운 용어가 고유하게 만들어질 수도 있다.

사용 메타데이터 Use metadata

어느 대상물이 어떻게 쓰이는가에 대한 정보로서 예를 들면 어느 전자책이 얼마나 많이, 어느 날짜에 다운로드 되었는가?

3종 Triple

어느 자원에 대한 주제-서술-대상 설명문. **주제, 서술, 대상, 자원** 참조.

서술 Predicate

어느 자원과 다른 것(주제)간의 관계 구분의 하나. 예를 들면 작가, 출판 날짜. **주제**와 **대상물** 참조.

서술식 메타데이터 Descriptive metadata

대상물에 대한 서술식 정보. 예로는 이 책의 저자는 제프리 포머란츠이고 출판일은 2015년이다.

성분 Element
스키마에 따라서 어느 자원에 대해 할 수 있는 미리 정의된 설명문 조합의 하나. 주제-서술-대상의 3종에서 서술. **값** 참조

스키마 Schema
어느 자원에 대해 어떤 종류의 주제-서술-대상 설명문을 만드는 규칙 조합.

시맨틱 웹 Semantic web
웹 페이지와 링크에 의미를 담은 자료가 심어져 있어서 소프트웨어 에이전트에 의해 분석되도록 하는 웹의 모습.

시소러스 Thesaurus
어느 성분의 값을 제공하는데 사용 되도록 계층구조로 조직화된 유한한 수의 용어 조합. 계층은 일반적으로 --이다, --의 부분이다, 또는 --의 예이다 와 같은 관계로 만들어져 있는데 예로는 예술과 건축 시소러스가 있다.

연계된 자료 Linked Data
공개된 웹에서 공유되고 표준 웹 기술들로 다른 자료에의 링크를 가지고 있는 자료와 자료 조합.

연관성 Relevance
하나의 정보 자원 또는 자원들이 어느 개인의 정보 수요를 얼마나 잘 채워주는 가인데, 주관적이며 상황적 판단이다.

온톨로지 Ontology
시소러스같이, 성분값을 제공하는 데 사용될 수 있도록 계층구조로 만들어진 용어들의 유한한 조합. 게다가 이것은 종종 소프트웨어 알고리즘의 형태로 조치 관련 규칙 조합을 포함하고 있다.

인코딩 스키마 Encoding scheme
어느 특정 유형의 자료값이 어떻게 만들어지는가 또는 선택되는가에 대한 규칙들 조합.

자원 Resource

정보 대상물로 서술식 메타데이터의 주제이다. **주제** 참조.

자원 서술 틀 Resource Description Framework

주제-서술-대상 관계 3종을 사용하여 자원을 서술하는 틀.

자원 찾기 Resource discovery

정보 수요를 만족시키기 위해 어느 개인과 관련이 있는 정보 자원을 식별해 내는 과정.

주제 Subject

하나의 자원으로 서술식 메타데이터의 주어이다. 예를 들면 모나리자. **서술, 대상** 참조.

주제 분석 Subject analysis

주제가 무엇인지, 무엇에 대한 것인지를 알아내기 위한 어느 자원에 대한 분석.

주제표목 Subject heading

어느 자원의 주제를 서술하는 데 사용되는 유한한 수의 용어 조합. 용어들은 계층 구조로 조직될 수 있고 단순한 목록일 수도 있다. 예로는 의회도서관 주제표목이 있다.

출처 메타데이터 Provenance metadata

대상물과 자원의 생애 주기에 관련된 과정에 대한 정보.

통제 어휘 Controlled vocabulary

성분 제공에 사용될 수 있는 유한한 수의 용어들. 용어들은 계층구조 또는 단순 목록으로 되어 있다.

패러데이터 Paradata

교육 측면에서는 교육 메타데이터이다. 연구 방법론의 측면에서는 자료 수집 시점에서 만들어지는 자료 조합 생성에 대한 메타데이터이다.

더 읽을거리

2장

메타데이터에 관하여

Baca, M. 2008. *Introduction to Metadata*, 2 ed. Los Angeles: Getty Research Institute.

Hillmann, D. I. 2004. *Metadata in Practice*. Chicago: American Library Association.

Zeng, M. L., and Qin, J. 2008. *Metadata*. New York: Neal-Schuman.

정보과학에 관하여

Bates, M. J. 2006. Fundamental forms of information. *Journal of the American Society for Information Science and Technology* 57 (8): 1033-45. doi:10.1002/asi.20369.

Bates, M. J. 2008. Hjørland's critique of bates' work on defining information. *Journal of the American Society for Information Science and Technology* 59 (5): 842-44. doi:10.1002/asi.20796.

Bates, M. J. 2011. Birger Hjørland's Manichean misconstruction of Marcia Bates' work. *Journal of the American Society for Information Science and Technology* 62(10): 2038-44. doi:10.1002/asi.21594.

Buckland, M. K. 1991. Information as thing. *Journal of the American Society for Information Science* 42(5): 351-60. doi:10.1002/ (SICI)1097-4571 (199106) 42:5 〈351::AID-ASI5〉3.0.CO;2-3.

Glushko, R. J., ed. 2013. *The Discipline of Organizing*. Cambridge: MIT Press.

Hjørland, B. 2007. Information: Objective or subjective/situational? *Journal of the American Society for Information Science and Technology* 58 (10): 1448-56. doi:10.1002/asi.20620.FURTHER 10237.

Hjørland, B. 2009. The controversy over the concept of "information": A rejoinder to Professor Bates. *Journal of the American Society for Information Science and Technology* 60(3): 643-643. doi:10.1002/asi.20972.

Losee, R. M. 1997. A discipline independent definition of information. *Journal of the American Society for Information Science* 48(3): 254-69. doi:10.1002/(SICI) 1097-4571(199703)48:3〈254::AID-ASI6〉3.0. CO;2-W.

Saracevic, T. 1975. Relevance: A review of and a framework for the thinking on the notion in information science. *Journal of the American Society for Information Science* 26(6): 321-43. doi:10.1002/asi.4630260604.

Saracevic, T. 2007. Relevance: A review of the literature and a framework for thinking on the notion in information science. Part III: Behavior and effects of relevance. *Journal of the American Society for Information Science and Technology* 58(13): 2126-44. doi:10.1002/asi.20681.

Saracevic, T. (nd). Relevance: A review of the literature and a framework for thinking on the notion in information science. Part II. In *Advances in Librarianship*, vol. 30, pp. 3-71. Emerald Group Publishing Limited. Retrieved from http://www.emeraldinsight. com.libproxy.lib.unc.edu/doi/abs/10.1016/S0065-2830%2806%2930001-3.

주제분석에 관하여

Beghtol, C. 1986. Bibliographic classification theory and text linguistics: Aboutness analysis, intertextuality and the cognitive act of classifying documents. *Journal of Documentation* 42 (2), 84-113. doi:10.1108/eb026788.

Chandler, A. D., & Cortada, J. W., eds. 2003. *A Nation Transformed by Information: How Information Has Shaped the United States from Colonial Times to the Present*. Oxford: Oxford University Press.

Hjørland, B. 2001. Towards a theory of aboutness, subject, topicality, theme, domain, field, content …… and relevance. *Journal of the American Society for Information Science and Technology* 52(9): 774-78. doi:10.1002/asi.1131.

Hjørland, B. 1992. The concept of "subject" in information science. *Journal of Documentation* 48 (2): 172-200. doi:10.1108/eb026895.

Hjorland, B. 1997. *Information Seeking and Subject Representation: An Activity-Theoretical Approach to Information Science*. Westport, CT: Praeger.

Hutchins, W. J. 1978. The concept of "aboutness" in subject indexing. *Aslib Proceedings* 30 (5): 172-81. doi:10.1108/eb050629.

장서목록의 역사에 관하여

Hopkins, J. 1992. The 1791 French cataloging code and the origins of the card catalog. *Libraries and Culture* 27(4): 378-404.

Strout, R. F. 1956. The development of the catalog and cataloging codes. *Library Quarterly* 26 (4): 254-75.

3장

네트워크에 관하여

Benkler, Y. 2007. *The Wealth of Networks: How Social Production Transforms Markets and Freedom*. New Haven: Yale University Press.

Castells, M. 2009. *The Rise of the Network Society. Vol. 1: The Information Age: Economy, Society, and Culture*, 2nd ed. Malden, MA: Wiley-Blackwell.

Easley, D., and Kleinberg, J. 2010. *Networks, Crowds, and Markets: Reasoning about a Highly Connected World*. New York: Cambridge University Press.

분류법에 관하여

Barlow, J. P. 1994 (March). The economy of ideas. *Wired*, 2(3). Retrieved from http://archive.wired.com/wired/archive/2.03/ economy.ideas.html.

Shirky, C. 2005. *Making Digital Durable: What Time Does to Categories*. Retrieved from http://longnow.org/seminars/02005/nov/14/making-digital-durable-what-time-does-to-categories/.

Shirky, C. 2005. Ontology is overrated: Categories, links, and tags. Retrieved from http://www.shirky.com/writings/ontology_overrated. html.

VIAF: The Virtual International Authority File. (2014). OCLC. Retrieved from http://viaf.org/.

4장

METS

Metadata Encoding and Transmission Standard. http://www.loc.gov/standards/mets/.

MPEG-21

Cover, R. (nd). MPEG-21 Part 2: Digital Item Declaration Language (DIDL). Retrieved January 27, 2015, from http://xml.coverpages. org/mpeg21-didl.html.

출처

Luc Moreau, L., and Groth, P. 2013. Provenance: An Introduction to PROV. San Rafael, CA: Morgan Claypool Publishers. Retrieved from http://www.morgan claypool.com/doi/abs/10.2200/S00528 ED1V01Y201308WBE007.

PREMIS http://www.loc.gov/standards/premis/.

PROV http://www.w3.org/2001/sw/wiki/PROV.

W3C. (2013). PROV-DM: The PROV Data Model. http://www.w3. org/TR/prov-dm/.

W3C. (2011). Provenance Interchange Working Group Charter. http://www.w3. org/2011/01/prov-wg-charter.

권리

Creative Commons. http://creativecommons.org/.

Creative Commons. (nd). Describing copyright in RDF: Creative Commons rights expression language. http://creativecommons. org/ns.

Creative Commons. 2013. CC REL. CC Wiki. https://wiki. creativecommons. org/CC_REL

W3C ODRL Community Group http://www.w3.org/community/odrl/.

위키스캐너

Griffith, V. (nd). Wikiscanner. http://virgil.gr/wikiscanner/.

Silverman, J. 2014. How the Wikipedia scanner works. HowStuff Works. http://computer.howstuffworks.com/internet/basics/wiki pedia-scanner.htm.

GPS 메타데이터를 이용한 프로젝트

I Know Where Your Cat Lives. http://iknowwhereyourcatlives.com/.

Microsoft Photosynth. http://photosynth.net/.

5장
데이터 잔해와 감시

Brunk, B. 2001. Exoinformation and interface design. *Bulletin of the American Society for Information Science and Technology* 27(6). Retrieved from http://www.asis.org/Bulletin/Aug-01/brunk.html.

Guardian US interactive team. 2013 (June 12). A Guardian guide to metadata. *The Guardian.* Retrieved from http://www.theguardian. com/technology/interactive/2013/jun/12/what-is-metadata-nsa-surveillance.

Risen, J., and Poitras, L. 2013 (September 28). N.S.A. gathers data on social connections of U.S. citizens. *The New York Times.* Retrieved from http://www.nytimes.com/2013/09/29/us/nsa-examines-social-networks-of-us-citizens. html.

패러데이터

Gundy, S. V. 2011 (November 9). Why connected online communities will drive the future of digital content: An introduction to learning resource paradata. Retrieved from http://connectededucators.org/why-connected-online-communities-will-drive-the-future-of-digital-content-an-introduction-to-learning-resource-paradata/.

US Department of Education. 2011. Paradata in 20 minutes or less. Retrieved from https://docs.google.com/document/d/1QG0lAmJ0ztHJq5DbiTGQj9DnQ8hP0Co0x0fB1QmoBco/.

Projects Mapping Social Networks

The Oracle of Bacon. http://oracleofbacon.org/

The Erdös Number Project http://www.oakland.edu/enp/.

6장

Date, C. J. 2012. *Database Design and Relational Theory: Normal Forms and All That Jazz*. Sebastopol, CA: O'Reilly Media.

Halpin, T. 2001. *Information Modeling and Relational Databases: From Conceptual Analysis to Logical Design*. San Francisco: Morgan Kaufmann.

Musciano, C., and Kennedy, B. 2006. *HTML & XHTML: The Definitive Guide*, 6th ed. Sebastopol, CA: O'Reilly Media.

Pilgrim, M. 2010. *HTML5: Up and Running*. Sebastopol, CA: O'Reilly Media.

Powers, S. 2003. *Practical RDF*. Sebastopol: O'Reilly Media.

Van der Vlist, E. 2002. *XML Schema: The W3C's Object-Oriented Descriptions for XML*. Sebastopol, CA: O'Reilly Media.

7장
연계된 자료

DBpedia. http://dbpedia.org/.

Heath, T. (nd). Linked data: Connect distributed data across the web. http://linkeddata.org/

schema.org http://schema.org/.

J. Paul Getty Trust. 2014. Getty vocabularies as linked open data. http://www.getty.edu/research/tools/vocabularies/lod/index.html.

New York Times Company. 2013. Times Topics. http://www.nytimes.com/pages/

topics/index.html.

W3C. 2013. W3C DATA ACTIVITY building the web of data.
http://www.w3.org/2013/data/.

W3C. 2015. W3C linked data.
http://www.w3.org/standards/semanticweb/data.

Wikimedia Foundation. (nd). Wikidata. https://www.wikidata.org/.

Wikimedia Foundation. 2004. Wikidata/Archive/Wikidata/historical.
https://meta.wikimedia.org/wiki/Wikidata/Archive/Wikidata/historical.

시멘틱 웹

Berners-Lee, T. 1998. Semantic web road map. W3C. Retrieved from http://www.
w3.org/DesignIssues/Semantic.html.

Shadbolt, N., Hall, W., and Berners-Lee, T. 2006. The semantic web revisited. *IEEE Intelligent Systems* 21(3), 96-101. doi:10.1109/ MIS.2006.62.

Swartz, A. 2013. *Aaron Swartz's A Programmable Web: An Unfinished Work*. San Rafael, CA: Morgan Claypool Publishers. Retrieved from http://www.
morganclaypool.com/doi/abs/10.2200/S00481ED1V01Y201302WBE005.

8장

이 장에서 언급된 서비스들

DPLA http://dp.la/.

Europeana. http://www.europeana.eu/.

Google Now. https://www.google.com/landing/now/.

IEEE International Conference on eScience. https://escience- conference.org/.

IFTTT. https://ifttt.com/.

Internet of Things Consortium. http://iofthings.org/.

Open Archives Initiative. (nd). Object Reuse and Exchange (OAI-ORE). http://www.
openarchives.org/ore/.

Pandora Media, Inc. 2015. About the Music Genome Project®. http://www.
pandora.com/about/mgp.

Parchment. http://www.parchment.com/.

도서관에 연계된 데이터

DuraSpace. 2014. Linked data for libraries (LD4L). https://wiki.duraspace.org/
display/ld4l.

Flynn, E. A. 2013. Open access metadata, catalogers, and vendors: The futureof cataloging records. *Journal of Academic Librarianship* 39(1): 29-31. doi:10. 1016/j.acalib.2012.11.010.

Greenberg, J., and Garoufallou, E. 2013. Change and a future for metadata. In E. Garoufallou and J. Greenberg, eds., *Metadata and Semantics Research*, pp.1~5. New York: Springer International. Retrieved from http://link.springer. com.libproxy.lib.unc.edu/ chapter/10.1007/978-3-319-03437-9_1.

Kemperman, S. S., et al. 2014. *Success strategies for e-content*. OCLC Online Computer Library Center, Inc. Retrieved from http://www.oclc.org/go/en/ econtent-access.html.

Schilling, V. (nd). Transforming library metadata into linked library data: Introduction and review of linked data for the library community, 2003-2011. Retrieved January 28, 2015, from http:// www.ala.org/alcts/resources/org/cat/ research/linked-data.

그림 자료

〈그림 1〉 19쪽. © 2014 OCLC Online Computer Library Center. Reprinted with permission. WorldCat is a registered trademark/service mark of OCLC.

〈그림 3〉 51쪽. From the Getty Thesaurus of Geographic Names (TGN)®. Reprinted with permission.

〈표 3〉 87쪽. Definitions copyright © 2012 Dublin Core Metadata Initiative. Licensed under a Creative Commons Attribution 3.0 Unported License.

〈그림 7〉 85쪽. Courtesy of Nicholas Felton. Previously published in the New York Times, February 10, 2008.

〈그림 9〉 109쪽. Courtesy of Songphan Choemprayong.

〈그림 10〉 117쪽. Adapted from PROV_DM: The PROV Data Model. W3C Recommendation, April 30, 2013. Reprinted with permission.

〈그림 11〉 118쪽. Adapted from PREMIS Data Dictionary for Preservation Metadata version 2.2.

〈그림 12〉 141쪽. Courtesy of Coursera Inc.

〈그림 16〉 156쪽. From the DCMI Abstract Model Recommendation, June 4, 2007. Reprinted with permission.

참고 문헌

Abelson, Hal, Ben Adida, Mike Linksvayer, and Nathan Yergler. ccREL: The Creative Commons Rights Expression Language. (Creative Commons, 2008). http://www. w3.org/Submission/ccREL/.

Anonymous. Former CIA Director: "We kill people based on metadata." *RT* (May 12, 2014). http://rt.com/usa/158460-cia-director-metadata-kill-people/.

Apache Software Foundation. *Apache HTTP Server Version 2.4 Documentation.* (2015). http://httpd.apache.org/docs/current/.

Beckett, Dave. RDF/XML syntax specification (revised). W3C (February 10, 2004). http://www.w3.org/TR/REC-rdf-syntax/.

Berners-Lee, Tim, James Hendler, and Ora Lassila. The semantic web. *Scientific American*(May 2001): 29-37.

Berners-Lee, Tim. Linked data. W3C (July 27, 2006). http://www.w3.org/Design Issues/LinkedData.html.

Biodiversity Information Standards (TDWG). Darwin Core. (accessed February 20, 2015). http://rs.tdwg.org/dwc/.

Broder, Andrei, Ravi Kumar, Farzin Maghoul, Prabhakar Raghavan, Sridhar Rajagopalan, Raymie Stata, Andrew Tomkins, and Janet Wiener. Graph structure in the web. Computer Networks 33 (no. 1-6, June 2000): 309-20. doi:10.1016/S1389-1286(00)00083-9.

Brown, Olivia. Classical music needs better metadata. Future of Music Coalition (March 5, 2013). https://futureofmusic.org/blog/2013/03/05/classical-music-needs-better-metadata.

Bryl, Volha. The DBpedia data set (2014). http://wiki.dbpedia.org/ Datasets 2014.

Camera & Imagine Products Association. Exchangeable image file format for digital still cameras: Exif version 2.3. (2012). http://www.cipa.jp/std/documents/e/DC-008-2012_E.pdf.

Carmody, Tim. Why metadata matters for the future of e-Books. *WIRED* (August 3, 2010). http://www.wired.com/2010/08/why-metadata-matters-for-the-future-of-e-books/.

Cha, Bonnie. A beginner's guide to understanding the Internet of Things. Re/code (January 15, 2015). http://recode.net/2015/01/15/a-beginners-guide-to-under

standing-the-internet-of-things/.

Cole, David. We kill people based on metadata. NYRblog (May 10, 2014). http://www.nybooks.com/blogs/nyrblog/2014/may/10/we-kill-people-based-metadata/.

Conley, Chris. Metadata: Piecing together a privacy solution. ACLU of Northern California (February 2014). https://www.aclunc.org/publications/metadata-piecing-together-privacy-solution.

Cook, Jean. Invisible genres & metadata: How digital services fail classical & jazz musicians, composers, and fans. Future of Music Coalition (October 16, 2013). https://futureofmusic.org/article/article/invisible-genres-metadata.

Couper, Mick, Frauke Kreuter, and Lars Lyberg. The use of paradata to monitor and manage survey data collection. In *Proceedings of the Survey Research Methods Section, American Statistical Association*, 282-96. American Statistical Association (2010). http://www.amstat.org/sections/srms/proceedings/y2010/Files/ 306 107_55863.pdf.

Crimes and criminal procedure. US Code 18 (2008), §1-6005.

Cyganiak, Richard, David Wood, and Markus Lanthaler. RDF 1.1 concepts and abstract syntax. W3C (February 25, 2014). http://www.w3.org/TR/rdf11-concepts/.

Cyganiak, Richard. The linking open data cloud diagram (2014).

De Montjoye, Yves-Alexandre, César A. Hidalgo, Michel Verleysen, and Vincent, D. Blondel. Unique in the crowd: The privacy bounds of human mobility. *Scientific Reports* 3 (March 25, 2013). doi:10.1038/srep01376.

Digital Library Federation. *Metadata Encoding and Transmission Standard: Primer and Reference Manual, Version 1.6* (2010). http://www.loc.gov/standards/ mets/METSPrimerRevised.pdf.

Digital Public Library of America. Digital Public Library of America. (accessed February 20, 2015). http://dp.la/.

Digital Public Library of America. Metadata application profile, version 3.1. (accessed February 20, 2015). http://dp.la/info/map.

Dublin Core Metadata Initiative. Dublin Core Metadata Element Set, Version 1.1. (accessed February 20, 2015). http://dublincore. org/documents/dces/.

Dublin Core Metadata Initiative. Dublin Core Metadata Terms (accessed February 20, 2015). http://dublincore.org/documents/ dcmi-terms/.

"Documentation," schema.org (accessed February 20, 2015). http://schema.org/ docs/documents.html.

Duhigg, Charles. How companies learn your secrets. *New York Times* (February 16, 2012), sec. Magazine. http://www.nytimes.com/2012/02/19/magazine/shopping-habits.html.

Dunbar, R. I. M. Neocortex size as a constraint on group size in primates. *Journal of Human Evolution* 22 (no. 6, June 1992): 469–93. doi:10.1016/0047-2484 (92)90081-J.

Enge, Eric, Spencer, Stephan, Fishkin, Rand, and Stricchiola, Jessie. The Art of SEO: Mastering Search Engine Optimization (Theory in Practice). Sebastopol, CA: O'Reilly Media, Inc. (2009).

European Union. Europeana data model: Mapping guidelines v2.2. (accessed February 20, 2015). http://pro.europeana.eu/documents/900548/5f8f7f4c-1af7-447d-b3f4-f3d91e39397c.

Europeana. Linked open data—-What is it? (February 14, 2012). Video file retrieved from http://pro.europeana.eu/linked-open-data.

Europeana.eu. Europeana (accessed February 20, 2015). http://www.europeana.eu/.

Gartner, Inc. Gartner says the Internet of Things installed base will grow to 26 billion units by 2020. (December 12, 2013). http://www.gartner.com/newsroom/id/2636073.

Gellman, Barton, and Ashkan Soltani. NSA infiltrates links to Yahoo, Google data centers worldwide, Snowden documents say. Washington Post (October 30, 2013). http://www.washingtonpost.com/ world/national-security/nsa-infiltrates-links-to-yahoo-google-data-centers-worldwide-snowden-documentssay/2013/10/30/e51d661e-4166-11e3-8b74-d89d714ca4dd_story.html.

Gil, Yolanda, James Cheney, Paul Groth, Olaf Hartig, Simon Miles, Luc Moreau, and Paulo Pinheiro da Silva. Provenance XG Final Report. W3C (2010). http://www.w3.org/2005/Incubator/prov/XGR-prov- 20101214/.

Golbeck, Jennifer, Jes Koepfler, and Beth Emmerling. An experimental study of social tagging behavior and image content. *Journal of the American Societyfor Information Science and Technology* 62 (no. 9, 2011): 1750–60. doi:10.1002/asi.21522.

Golder, Scott A., and Bernardo A. Huberman. Usage patterns of collaborative tagging systems. Journal of Information Science 32 (April 1, 2006): 198-208. doi:10.1177/0165551506062337.

Google. Meta tags that Google understands (accessed February 20, 2015). https://support.google.com/webmasters/answer/79812.

Gorman, Siobhan, and Jennifer Valentino-DeVries. New details show broader NSA surveillance reach. *Wall Street Journal* (August 21, 2013), sec. US. http://www.wsj.com/articles/SB10001424127887324108204579022874091732470.

Gracenote, Inc. Gracenote (accessed February 20, 2015). http://www.gracenote.com/.

Grad, Burton, and Thomas J. Bergin. Guest Editors' Introduction: History of database management systems. IEEE Annals of the History of Computing 31 (no.4, 2009): 3–5. doi:10.1109/MAHC. 2009.99.

Greenberg, Jane, Kristina Spurgin, and Abe Crystal. Final Report for the AMeGA (Automatic Metadata Generation Applications) Project. Library of Congress (2005). http://www.loc.gov/catdir/bibcontrol/ lc_ amega_final_report.pdf.

Gregory, Lisa, and Stephanie Williams. On being a Hub: Some details behind providing metadata for the Digital Public Library of America. *D-Lib Magazine* 20 (no. 7/8, July 2014). doi:10. 1045/july2014-gregory.

Hafner, Katie. Seeing corporate fingerprints in Wikipedia edits. *New York Times* (August 19, 2007), sec. Technology. http://www.nytimes.com/2007/08/19/technology/19wikipedia.html.

Heath, Tom, and Christian Bizer. Linked data: Evolving the web into a global data space. Synthesis Lectures on the Semantic Web: Theory and Technology. San Rafael, CA: Morgan Claypool. http://linkeddatabook.com/editions/1.0/. http://lod-cloud.net/.

IEEE Computer Society. 1484.12.1-2002 — *IEEE Standard for Learning Object Metadata.* (accessed February 20, 2015). http://standards.ieee.org/findstds/standard/1484.12.1-2002.html.

International DOI Foundation. (accessed February 20, 2015). http://www.doi.org/.

International Organization for Standardization. ISO 8601:2004. *Data Elements and Interchange Formats—-Information Interchange—-Representation of Dates and Times.* http://www.iso.org/iso/ catalogue_ detail?csnumber=40874.

Iverson, Vaughn, Young-Won Song, Rik Van de Walle, Mark Rowe, Doim Chang, Ernesto Santos, and Todd Schwartz. MPEG-21 Digital Item Declaration WD (v2.0). ISO/IEC (2001). http://xml. coverpages.org/MPEG21-WG-11-N3971-200103.pdf.

J. Paul Getty Trust. Getty vocabularies (accessed February 20, 2015). http://www.getty.edu/research/tools/vocabularies/index.html.

J. Paul Getty Trust. Getty vocabularies. (accessed February 20, 2015). http://www.

getty.edu/research/tools/vocabularies/.

Karabell, Zachary. Americans' fickle stance on data mining and surveillance. Atlantic (June 14, 2013). http://www.theatlantic.com/national/archive/2013/06/americans-fickle-stance-on-data-mining-and-surveillance/276885/.

Katz v. United States, 389 US 347 (Supreme Court 35).

Kessler, Brett, Geoffrey Numberg, and Hinrich Schütze. Automatic detection of text genre. In *Proceedings of the 35th Annual Meeting of the Association for Computational Linguistics and Eighth Conference of the European Chapter of the Association for Computational Linguistics* 32-38. ACL '98. Stroudsburg, PA: Association for Computational Linguistics (1997). doi:10.3115/976909.979622.

Kleinberg, Jon, and Steve Lawrence. The structure of the web. Science 294 (no.5548, November 30, 2001): 1849-50. doi:10.1126/science.1067014.

Kreuter, Frauke, ed. *Improving Surveys with Paradata: Analytic Uses of Process Information*. Hoboken, NJ: Wiley (2013).

Library of Congress. *Data Dictionary for Preservation Metadata: PREMIS Version 2.2*. (2012). http://www.loc.gov/standards/premis/v2/premis-2-2.pdf.

Library of Congress. Draft rights declaration schema is ready for review. (July 1, 2011). http://www.loc.gov/standards/mets/news080503.html.

Library of Congress. LC linked data service authorities and vocabularies. (accessed February 20, 2015). http://www.getty.edu/research/tools/vocabularies/.

Library of Congress. The Library of Congress linked data service. (accessed February 20, 2015). http://id.loc.gov/.

Lithwick, Dahlia, and Steve Vladeck. Taking the "Meh" out of metadata: How the government can discover your health problems, political beliefs, and religious practices using just your metadata. *Slate Magazine* (November 22, 2013). http://www.slate.com/articles/news_and_politics/jurisprudence/2013/11/nsa_and_metadata_how_the_government_can_spy_on_your_health_political_beliefs.html.

Masinter, Larry, Tim Berners-Lee, and Roy T. Fielding. Uniform resource identifier (URI): Generic syntax (January 2005). https://tools.ietf.org/html/rfc3986.

Mayer, Jonathan, and Patrick Mutchler. MetaPhone: The sensitivity of telephone metadata. *Web Policy* (2013). http://webpolicy.org/2014/03/12/metaphone-the-sensitivity-of-telephone-metadata/.

McIlvain, Eileen. STEM exchange and paradata concepts. University Corporation for Atmospheric Research (2014). https://wiki.ucar.edu/display/nsdldocs/STEM+

Exchange+and+paradata+concepts.

Milgram, Stanley. The small-world problem. Psychology Today 1 (no. 1, May 1967): 61-67.

MLB Advanced Media, LP. Boston Red Sox 2015 Downloadable Schedule. (2015). http://boston.redsox.mlb.com/schedule/downloadable.jsp?c_id=bos&year= 2015.

Mutchler, Patrick, and Jonathan Mayer. MetaPhone: The sensitivity of telephone metadata. *Web Policy* (March 12, 2014). http://webpolicy.org/2014/03/12/ metaphone-the-sensitivity-of-telephone-metadata/.

New York Times Company. Linked open data. (accessed February 20, 2015). http://data.nytimes.com/

Olsen, Stefanie. Web browser offers incognito surfing ─ CNET News. CNET (October 18, 2000). http://news.cnet.com/2100-1017- 247263.html.

ORCID, Inc. ORCID (accessed February 20, 2015). http://www.getty.edu/research/ tools/vocabularies/.

Pandora Media, Inc. About the Music Genome Project (accessed February 20, 2015). http://www.pandora.com/about/mgp.

Parsia, Bijan. "A Simple, Prima Facie Argument in Favor of the Semantic Web." Monkeyfist.com, May 9, 2008. https://web.archive.org/web/20080509164720/ http://monkeyfist.com/articles/815.

Powell, Andy, Mikael Nilsson, Ambjörn Naeve, Pete Johnston, and Thomas Baker. DCMI Abstract Model. Dublin Core Metadata Initiative (2007). http:// dublincore.org/documents/abstract-model/.

Raggett, Dave, Arnaud Le Hors, and Ian Jacobs. HTML 4.01 specification. W3C (December 24, 1999). http://www.w3.org/TR/html401/.

Risen, James, and Laura Poitras. N.S.A. gathers data on social connections of U.S. citizens. *New York Times* (September 28, 2013), sec. US. http://www.nytimes. com/2013/09/29/us/nsa- examines-social-networks-of-us-citizens.html.

Rogers, Everett M. *Diffusion of Innovations*, 5th ed. New York: Free Press (2003).

Rosen, Jeffrey. Total information awareness. *New York Times* (December 15, 2002), sec. Magazine. http://www.nytimes.com/2002/12/15/magazine/15TOTA.html.

Rusbridger, Alan, and Ewen MacAskill. Edward Snowden interview: The edited transcript. *The Guardian* (accessed January 27, 2015). http://www.theguardian. com/world/2014/jul/18/-sp-edward-snowden-nsa-whistleblower-interview-transc ript.

Schmitt, Thomas, and Rocky Bernstein. CD text format (2012). http://www.gnu.org/software/libcdio/cd-text-format.html.

Smith v. Maryland, 442 US 735 (Supreme Court 1979).

Tanenbaum, Andrew S., and David J. Wetherall. Computer Networks, 5th ed. (2010) Boston: Prentice Hall.

The Open Graph protocol (accessed February 20, 2015). http://ogp.me/

University Corporation for Atmospheric Research. ISKME to manage National Science Digital Library. (December 16, 2014). https://www2.ucar.edu/atmosnews/news/13512/iskme-manage-national-science-digital-library.

Van Hooland, Seth, and Ruben Verborgh. Linked data for libraries, archives and museums: How to clean, link and publish your metadata. Chicago: American Library Association (2014).

W.S. A Funeral Elegy for Master William Peter, ed. by Donald W. Foster from W.S., A Funerall Elegye in memory of the late vertuous Maister William Peeter. London: G. Eld for T. Thorpe (1612).

W3C. Date and time formats (accessed February 20, 2015). http://www.w3.org/TR/NOTE-datetime.

W3C. HTML (accessed February 20, 2015). http://www.w3.org/html/.

Weibel, Stuart, Jean Godby, Eric Miller, and Ron Daniel. OCLC/NCSA Metadata Workshop Report. Dublin Core Metadata Initiative (nd). http://dublincore.org/workshops/dc1/report.shtml.

Weinberger, David. Small Pieces Loosely Joined: A Unified Theory of the Web. New York: Basic Books (reprinted 2003).

Witty, Francis J. The pínakes of Callimachus. Library Quarterly 28 (April 1, 1958): 132–36.

찾아보기

지은이

제프리 포머란츠(Jeffrey Pomerantz)

제프리 포머란츠는 정보 과학자이다. 노스캐롤라이나 대학교, 채플 힐의
정보 도서관 대학의 부교수이다. 이곳에서 "메타데이터: 정보의 조직 그리
고 검색"을 개방형 강의로 개발하고 가르쳤다. 또한 워싱턴 대학교의 초빙
교수이다.

옮긴이

전 주 범

전주범은 산업 시대인 1990년대까지는 대우전자의 대표이사 사장으로서
첨단 하드웨어를 만들고 팔았다. 지식 정보 사회로 들어 선 2000년 이후에
는 서울대학교, 한국예술종합학교에서 경영 및 정보과학을 가르쳤다. 현재
는 베트남 하노이의 국립경제대학(National Economics University)의 최고
경영자과정 주임교수이다.

MIT 지식 스펙트럼

메타데이터

지은이 **제프리 포머란츠** | 옮긴이 **전주범**

펴낸이 **김종수** | 펴낸곳 **한울엠플러스(주)** | 편집 **전성준 · 조수임**

초판 1쇄 인쇄 **2019년 8월 30일** | 초판 1쇄 발행 **2019년 9월 20일**

주소 **10881 경기도 파주시 광인사길 153 한울시소빌딩 3층**

전화 **031-955-0655** | 팩스 **031-955-0656**

홈페이지 **www.hanulmplus.kr** | 등록번호 **제406-2015-000143호**

Printed in Korea.

ISBN 978-89-460-6805-6 03000(양장)

       978-89-460-6806-3 03000(무선)

* 책값은 겉표지에 표시되어 있습니다.